U0082012

有效閱讀

閱讀理解，如何學？怎麼教？

鄭圓鈴 著
許芳菊 採訪撰文

目錄

附錄　進入教學現場

推薦序

為閱讀搭鷹架，成為獨立思考的學習者

試題的目的有很多，其中一項目的是增進學習。考過後，學生不只問答對或答錯，而是覺得被挑戰到，想進一步翻書學習，這樣的試題就達到促進學習的目的。閱讀理解的試題，除了測試讀者是否理解之外，更重要的功能是提醒讀者「再讀、再思考」。

形式上，試題大致可以分為「選擇題」和「非選擇題」。有人認為選擇題答案固定，考的是由文本直接提取或是背誦的知識；非選擇題要答題者自己寫一些字，較能測出非背誦的能力。其實不然！學生做多了考古題，即使是非選擇如申論題，仍能以背誦的方式把答案「倒」出來。因此題目能不能讓學生動腦高階思考，關鍵不在題型，而在題目所測試的內容。

「閱讀理解」的試題，同樣有選擇和非選擇題，答案可以開放如寫心得與感想，也可以由文章中直接提取。讀後感想或心得，看似可讓學生思考，但也很可能讓學生不必讀，只要看題目就能回應，這樣誘使學生重新再讀的效果，可能還比不上直接提取答案。

閱讀的主要目的，是透過閱讀來學習，因此題目需要搭鷹架，一梯一梯引導學生在文中探討。這就如鄭圓鈴教授援引英國學者培根的學習類型比喻，說明「螞蟻式」、「蜘蛛式」與「蜜蜂式」三者的閱讀模式與進階關係。

閱讀理解不容易出題，有人知道出題方式卻不熟悉閱讀和語文的精隨，也有人知道語文知識而不知出題撇步，但這兩者在鄭教授身上正好密切結合，成就了這本書。本書幫助讀者在鷹架下，思考自己的閱讀方式，以及如何成為獨立自主的學習者。

謝謝鄭教授的用心！

柯華葳（國家教育研究院院長）

推薦序

國文課，改變了嗎？──跳脫傳統的閱讀教學

當大家都在為PISA能力該怎麼培養，老師該怎麼教煩惱之際，鄭圓鈴教授的《有效閱讀：閱讀理解，如何讀？怎麼教？》與《閱讀素養一本通：3階段閱讀歷程×3大文章類型×105道閱讀能力檢索題》兩本書，無疑是國、高中老師最佳的閱讀教學幫手，也為老師、家長及學生掀開PISA閱讀之謎。

從閱讀中學習，是學習「如何學習」最重要的能力之一。學生不僅要閱讀，更要懂得閱讀的策略，這些策略包括預測、提問、連結、統整及解釋等，如此才能真正的理解文本內容，也才能有系統、批判式的學習。

作者以螞蟻、蜘蛛、蜜蜂比喻閱讀學習的三種層次，跳出傳統閱讀教學的格局，相當富有創意。螞蟻式的閱讀只知道照單全收，不會主動思考、組織、內化；蜘蛛式的閱讀因結構嚴密，知道如何捕捉對自己有用的內容，也會系統化的思考、組織及內化閱讀的內容，這是主動式的學習類型；而蜜蜂式閱讀更進一步，將對自己有用的資料，醞釀轉化為創造性的個人見解或創作，這是創造性的學習。

閱讀素養檢測沒有標準答案，也不是在找出標準答案，但沒有標準答案的檢

測，往往讓學生及家長覺得不安，老師也不知如何批改。所以當基北特色招生擬以ＰＩＳＡ方式測驗時，引起很多老師、家長及學生的反彈。在這本書，我們很高興看到，老師與同學大多在對話，在討論，而不是老師「教」，學生「聽」。既然側重於提問、討論，當然不會有單一的標準答案，但也不是天馬行空的亂無章法，而是以文本為主的直接提取及統整解釋。

任教於台灣師範大學國文系的鄭圓鈴教授出版這套新書，對臺灣的閱讀教學而言，意義深遠。某種程度而言，暗示了國、高中國文課本改變的可能性，更示範了我們的國、高中課堂裡可以如何起步，朝更有效的閱讀教學改變。

陳昭珍（國立臺灣師範大學圖書資訊學研究所教授兼教務長）

執教多年，自以為能掌握國文教學，直到民國九十七年激增的閱讀理解試題，方意識到學生閱讀理解能力的不足。即使已進行六年的提問教學，也是設定好課堂問答與學習單，於課堂上多方引導；但因並非針對學生的學習困難搭建學習鷹架，因此拔尖扶弱的學習成效有限。

教，然後知不足。幸得多年聆聽鄭圓鈴老師對文本的剖析，並指導閱讀教學策略，入班觀課，實證學生的學習歷程。課堂上，終由提問、追問、澄清、修正等步驟，掌握到有效提升學生學習信心，並激發學習潛力的竅門。

市面上不乏閱讀教學的著述，但指導學生有效閱讀的實作經驗闕如。欣聞鄭老師《有效閱讀：閱讀理解，如何學？怎麼教？》一書即將付梓，極力推薦教師務必人手一冊，應用在閱讀教學上，不但能達有效教學之功，也能應十二年國教之德。

許文姿（新北市國教輔導團國中國文輔導小組專輔、新北市立福和國中教師）

閱讀理解是一門「看不見」的學問，因此經常有各式各樣的比喻來解釋與說明，試圖讓我們能「看見」閱讀理解的歷程。此書不僅以引用培根的「螞蟻、蜘蛛、蜜蜂」來鮮明比喻，更透過許多實例與提問設計讓我們不僅「看得見」，更可「看出方法與思路」，讓閱讀理解不再神秘難懂。對教學者而言，本書更是明確的教學示例，讓學子不僅學到，也能學好。這真是一本難得的好書！

許育健（教育部國中晨讀運動計畫主持人、台北教育大學語文與創作學系助理教授）

學生是螞蟻式、蜘蛛式、還是蜜蜂式的學習者，與教師所提供的「學習情境」與「教學策略」有關。如何讓教師理解前述道理並落實教學？鄭圓鈴教授運用了大量的例子，帶來多重效果：效果一，連結讀者的知識與經驗，進行主動性閱讀；效果二，讓讀者辨別異同，掌握理論概念；效果三，讓讀者覺察自己的教學現況、明瞭日後的調整方式；效果四，讓讀者看見學生的學習困擾、瞭解如何適切地搭鷹架。效果五，讓讀者有現成例子可運用。這本書兼顧了閱讀的「教」與「學」，想瞭解閱讀教學的整體面貌，千萬別錯過這本書。

陳欣希（教育部國中晨讀運動計畫協同主持人、台北教育大學幼教系教授）

在國中推動閱讀教育的實務經驗中發現，我們經常太專注於「透過閱讀學習」，而忽略「學習閱讀」的歷程；以為透過豐富的閱讀教育活動，就可以提升學生的閱讀素養。

然而，本書《有效閱讀：閱讀理解，如何學？怎麼教？》透過豐富例題，深入淺出分析「有效閱讀」的方法與具體步驟，以及如何做的課堂教學過程，協助現場教師運用有效閱讀的學習方法、教學工具及操作技巧，提升課堂教學品質。特別誠摯推薦給致力「活化教學」的每一位老師！

陳君武（新北市貢寮國中校長，教育部閱讀磐石獎國中組績優學校）

時代變了，老師不能再是「講師」，而該是個「課程設計師」。你可以讓學生因著你的精心設計，拿到正確的課程地圖。想讓學生在「不能」到「萬能」之間，創造一切的「可能」嗎？那就跟著鄭老師一步步有效引導的閱讀策略，送給學生一個「老師不在身旁時的老師」吧！

賴璞（新北市中正國中教師）

（以上依姓名筆劃順序排列）

序

從「螞蟻式」漸進到「蜜蜂式」的學習

這本書想談的，不是如何誘惑你、你的學生或孩子打開一本書來閱讀；我們想討論的是，當讀者把書打開的那一刻，可以經由哪些方式，讓閱讀獲得更深刻的喜悅與學習。

很多人認為培養閱讀能力不需要太複雜的技巧，只需要大量閱讀。大量閱讀後，自然會增加很多閱讀的背景知識，自然就能提升閱讀能力。但是，僅僅止於大量閱讀，真的就能提升閱讀能力嗎？

剛起步的學習，大量閱讀的確是需要的，它可以幫助我們認識這個世界，可以讓我們快速累積知識。所以，透過大量閱讀，也許可以培養出知識豐富的小孩，但是，這個小孩未必能成為一個有想法，有創造力的人。

那麼，要透過甚麼樣的閱讀學習，才能提升我們的閱讀能力呢？

三種閱讀學習層次

我們可以藉由十七世紀英國哲學家培根所描述的「螞蟻式」、「蜘蛛式」、「蜜蜂式」的三種學習類型，幫助我們瞭解，在培養閱讀能力的過程中，我們究竟遺漏了哪些非常重要的歷程。

螞蟻式的學習，就像螞蟻只知道不停的採集食物，囤積糧食，從不想嘗試將採集回來的東西變得更可口些。所以，若閱讀的材料雖然多元，但學習時只會將作者所說的內容照單全收，不假思索的記憶下來，不想主動的思考、組織與內化，這就是螞蟻式的學習，一種被動式的學習類型。

這種囫圇吞棗式的學習，雖然吃下很多東西，卻可能不夠營養。莊子就提醒我們：「君之所讀者，古人之糟粕已夫！」（你讀的都只是前人知識殘渣而已啊！可能是徒勞無功的）。孔子也提醒我們：「學而不思則罔。」（只會累積知識而不思考，會讓人愈來愈糊塗！更可能是有危險的）。所以孟子特別告誡我們：「盡信書，不如無書。」（書怎麼說，你就怎麼信，還不如不看書，因為書的內容可能是胡說八道的誤導！）

蜘蛛式的學習，則像蜘蛛會利用自己肚子裡的東西，吐絲結網，蒐集食物，雖然牠結的網不能將食物變得更可口些，卻因為結構嚴密，對食物具有過濾、篩檢的作用，保證能補捉到對自己有用的食物。所以閱讀時，如果能以系統化的歷程，思考、組織與內化這些材料，閱讀後一定能得到有用的收穫。這就是蜘蛛式的學習，一種主動式的學習類型。

至於**蜜蜂式的學習**，則有如蜜蜂會藉由飛行，到更遠的地方採集食物，又能將採集的食物轉化創造，釀成滋味甜美的蜂蜜。蜂蜜比原有的食物更加美味可口，自然能為食物增添價值。所以閱讀時，如果能先利用系統化的思考歷程，讓材料變成對自己有用的資料，再進一步醞釀、轉化為創造性的個人見解或創作，這就是蜜蜂式的學習，一種創造式的學習類型。

「蜘蛛式」學習，為創造性閱讀搭建鷹架

目前台灣的學習環境，有很多像螞蟻一樣辛苦採擷知識、背誦知識的學生，也有很多辛苦指導學生背誦知識的老師。校園裡許多的閱讀活動，雖然辦得熱鬧非凡，但多數仍停留在推廣「螞蟻式學習」的層次。

例如，比賽大量閱讀、抄寫美言佳句、抄寫讀後心得、背誦成語等，卻很少利用系統化的閱讀學習，幫助學生進行有價值的閱讀，所以學生自然無法從閱讀中釀造蜂蜜，提出創造性的個人見解或創作。

然而，學生的學習沒有辦法直接從螞蟻式躍升為蜜蜂式，老師必須為孩子搭建一個過渡的鷹架，這個協助孩子學習躍升的鷹架，就是蜘蛛式的學習。

這本書正是希望提供孩子這個蜘蛛式的學習鷹架，利用一個有方法、有步驟，能循序漸進的系統化學習歷程，讓孩子逐漸學會在閱讀時能「統整、組織、思考、內化」，再進一步醞釀出對內容具創造性的看法，用以享受深層閱讀帶來的思考之樂。當然也希望能幫助老師跳脫傳統侷限，利用這個系統化的學習歷程，帶領學生採擷花粉，進行系統性的轉化，最後讓學生自己釀出蜂蜜。

孔子認為理想的學習是「學思並用」，「學思並用」其實就是蜜蜂採粉，釀造蜂蜜的過程。我們可以嘗試這樣理解：「螞蟻覓食」是閱讀的第一步，它是一種基礎性質的被動式閱讀；「蜘蛛結網」是閱讀的第二步，它是一種進階性質的主動式閱讀；「蜜蜂釀蜜」是閱讀的第三步，它是一種發展性質的創造式閱讀。

本書的第一章，會先釐清有效閱讀的歷程與教學的特質，協助讀者掌握有效閱讀與教學的精神。第二章，根據圖表類、知識類、文學類等不同類型的文本，分別提出系統化的學習地圖、操作步驟、閱讀技巧，協助讀者掌握有效閱讀的學習方法。第三章，則根據有效閱讀的教學目標，提供課程地圖、建構式學習單及學習鷹架，協助教師利用有效的教學工具及操作技巧，發揮教學效果。

那麼，閱讀的樂趣會不見嗎？

或許有人會擔心，閱讀不是應該充滿樂趣嗎？如果帶著這麼強烈的學習目的，做這麼多的思考、分析，會不會讓人喪失了閱讀的樂趣？會不會到最後連書都不想打開了？

我認為，這個問題可以這樣思考：

如果螞蟻只能吃到米粒，牠們飲食的趣味，就只能局限於米粒的滋味。可是，如果螞蟻有機會嚐到蜂蜜的滋味，牠們對飲食趣味的視野將有所不同。

純粹為樂趣而閱讀，自然有它調劑身心的重要價值，但這本書希望帶領讀者體驗的，是一種藉由思考、創造所獲得的「自我突破、自我提升」之樂，這種樂趣不屬於米粒，而是屬於蜂蜜的層次。

你對這樣的滋味，是否充滿期待呢？

第 1 章

什麼是有效閱讀？

有效閱讀，其實就是閱讀時能從螞蟻式閱讀，轉化為蜜蜂式閱讀的學習歷程。這個歷程最大的挑戰是：學生無從領略蜂蜜的滋味比米粒甜美，所以老師要提供學習情境，引導學生從螞蟻式的閱讀進入蜘蛛式的閱讀，最後轉化成蜜蜂式的閱讀，這樣學生才能真正品嘗到蜂蜜的甜美滋味。

有效閱讀的特質

現在我們就先來了解，什麼是有效閱讀的特質。有效閱讀的特質可以從以下層面來說明，包括了：閱讀類型、閱讀歷程以及閱讀策略。

從有效閱讀的類型來看，「蜘蛛式」與「蜜蜂式」的閱讀，都屬於有效閱讀範疇。「蜘蛛式」閱讀，是指閱讀時訊息經過系統化網絡的過濾，擷取有用的訊息。而「蜜蜂式」閱讀，則是擷取有用訊息後，經過消化吸收，變成有價值的訊息。這些訊息能提供養分，滋養生命，而某些養分經過較長時間的醞釀與發酵後，會轉化成全新的物質！這些物質可以是形成看法、有所感悟；有時甚至可以觸發聯想，完成一幅畫、一首曲子或一場革命。

閱讀歷程包括：先「檢索與擷取訊息」、次「統整與解釋」、後「省思與評鑑」的三個階段，這三個階段必須依序進行，不可顛倒次序。也就是說，閱讀理解的過程，必須先有檢索與擷取，才能進一步做統整與解釋，最後才有可能形成省思與評鑑。

「蜘蛛式」閱讀，著重於檢索與擷取重要且有用的訊息；「蜜蜂式」閱讀，先透過統整與解釋，讓訊息變得更有價值，再藉由省思與評鑑，對訊息提出有用的看法。

從「檢索與擷取」有用訊息，到經由「統整與解釋」，讓訊息變得具有價值，以及藉由「省思與評鑑」，對訊息提出自己看法，這整個過程，就是有效閱讀的歷程（如圖❶所示）。

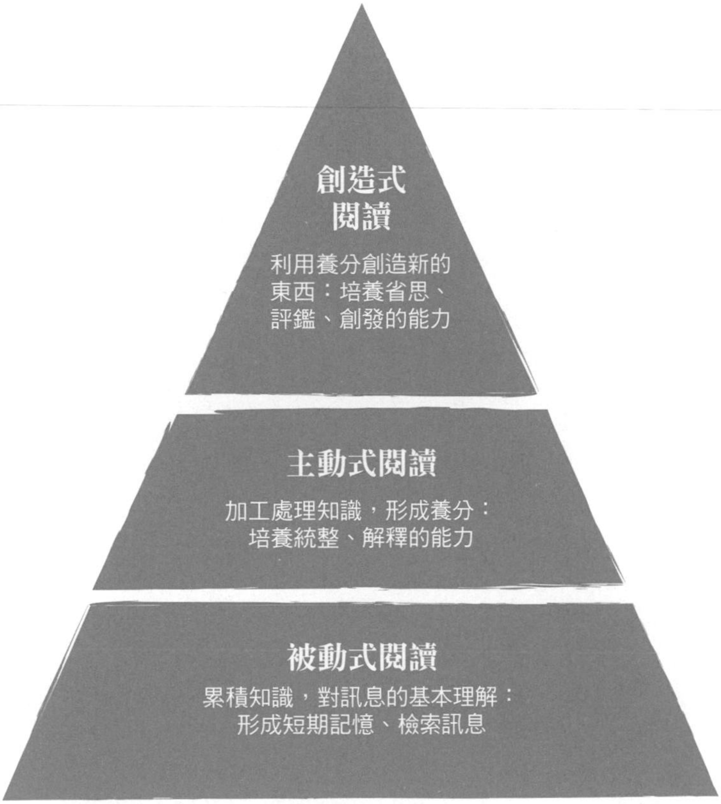
創造式閱讀
利用養分創造新的東西：培養省思、評鑑、創發的能力
主動式閱讀
加工處理知識，形成養分：培養統整、解釋的能力
被動式閱讀
累積知識，對訊息的基本理解：形成短期記憶、檢索訊息

圖❶閱讀的歷程

至於閱讀策略，則是指能靈活選擇或組織適當的閱讀方法，以有效達成閱讀目標。以下就針對如何達成「能檢索與擷取、能統整與解釋、能省思與評鑑」這幾個閱讀目標，提供一些閱讀策略。

● **找一找**：「檢索與擷取」常用的閱讀策略是「找一找……」，也就是能尋找段落、句子的訊息。它常利用尋找重要、明確、特別訊息的閱讀技巧來進行。

● **說出主要的**：「統整」常用的閱讀策略是能「說出主要的……」，也就是能概覽全文，說出對訊息較正確的理解；常利用統整主要概念、趨勢、類別、背景、目的等閱讀技巧來進行。「統整」常用的第二種策略是「畫出概念圖」，也就是根據擷取的重要訊息，利用概念圖將它們組織起來。

● **為什麼**：「解釋」常用的閱讀策略是「為什麼……」，也就是能解釋段落的表層訊息。它利用比較異同、解釋因果（概念、關係）、排列順序，或詮釋觀點（詞句、圖文）等閱讀技巧來進行。

● **想一想**：解釋常用的第二種閱讀策略是「想一想……」，也就是能分析段落深層訊息。它常利用分析寫作的技巧、效果、目的及寓意等閱讀技巧來進行。

● **你認為**：省思與評鑑常用的閱讀策略是「你認為……」，也就是對全文訊息進行統整與解釋的梳理後，經過判斷與省思，對訊息的內容或形式提出自己的看法。它常利用尋找支持證據或說明理由的閱讀技巧來進行。

下表嘗試將閱讀目標、閱讀策略，以及閱讀策略常應用的閱讀技巧、使用範圍略為整理，方便大家使用。至於如何善用閱讀策略與閱讀技巧進行有效閱讀，內容較為複雜，將在第二章進行詳細討論。

表1 閱讀策略簡表

閱讀目標	閱讀策略	閱讀技巧	使用範圍
能檢索與擷取	●找一找……	找出重要、有用的訊息	句子、段落
能統整	●說出主要的……	統整概念、趨勢、類別、背景、目的、人物、事件 用概念圖組織重要訊息	全文
能解釋	●為什麼……（解釋表層訊息） ●想一想……（分析深層訊息）	解釋因果（概念或關係）、比較異同、排列順序、詮釋詞句（圖文） 解釋寫作的技巧、效果、目的及寓意	段落
能省思與評鑑	●你認為……	提出看法並舉證或說明，或只舉證說明	全文

有效的閱讀類型

【閱讀短文】

日本松下的創辦人松下幸之助，被稱爲「經營之神」，他在過世前開創了松下政經塾，希望培養下一代的政經領袖。負責學生教育工作的塾頭古山先生說：「他們挑選有潛力的未來領袖，會先觀察三點：第一點能自修自得，亦即無論何時何地都能夠找到值得學習的課題，並獲得啓發。第二點是面對運勢不佳的心態，亦即面對挫折時，能以積極的態度，解決問題。第三點則是能保有素直的心，能以誠懇、純眞的心面對自己、對待別人，並認清現實的眞相，不讓個人情緒矇蔽理智。松下政經塾挑選的人才必須在以上條件都備齊後，才會開始審視他們的專業能力、獨立思考以及意志力等其他長才。」他的話證明了，具備未來競爭力的關鍵，不在於天資聰穎，而在於認眞學習以及正確的態度。

——〈年輕人的知識、視野、態度〉，作者殷允芃，摘錄自《閱遊，我喜歡閱遊，和我自己》，天下雜誌出版

練習目標：瞭解蜘蛛式與蜜蜂式的閱讀類型後，請你先閱讀上述「閱讀短文」，再想一想文後列舉的閱讀理解，分別屬於哪一種閱讀類型。

A 作者用松下政經塾挑選人才的例子證明結論。

B 我認為「認真學習」不能表達「自修自得」的完整涵義。

C 松下政經塾挑選未來領袖的條件是：能自修自得、面對運勢不佳的心態、能保有素直的心。

D 本文的結論：認真學習、正確的態度是具備未來競爭力的關鍵。

動腦想一想

以上的閱讀理解，屬於蜘蛛式閱讀的是：（　　　　　　）；屬於蜜蜂式閱讀的是：（　　　　　　）。

以上練習，你答對了嗎？

參考答案

閱讀類型	答案	閱讀策略使用說明
蜘蛛式	A、C、D	A：解釋例子與結論的關係　C、D：解釋概念
蜜蜂式	B	B：提出看法

當「教學情境」遇上「閱讀類型」

瞭解閱讀類型後，如何藉由課堂教學，讓學生的閱讀由螞蟻式提升為蜘蛛式或蜜蜂式，極為重要。我們安排下列練習，讓大家理解課堂教學與閱讀。

【練習二】瞭解「課堂教學」與「閱讀類型」的關係

練習目標：老師甲、乙、丙，都利用上述【閱讀短文】進行閱讀教學。以下的情境甲、乙、丙，分別呈現這三位老師的教學方式。請你觀察後想一想，他們所進行的課堂教學，分別在引導哪一種閱讀類型？

情境甲

老師：日本松下的創辦人是誰？

同學：松下幸之助。

老師：他被稱為什麼？

同學：經營之神。

老師：他在逝世前開創了什麼？

同學：松下政經塾。

你認為甲老師引導的，是哪種類型的閱讀？（A）螞蟻式閱讀（B）蜘蛛式閱讀（C）蜜蜂式閱讀

你的答案：（　　）

情境乙

老師在黑板寫下「松下幸之助」、「松下政經塾」、「挑選未來領袖的三條件」、「其他條件」與「未來競爭力的關鍵」等字。

老師：請同學看黑板，這些都是什麼？

同學：文章重點。

老師：請同學練習把這些概念的關係畫出來。

（同學開始畫概念圖）

老師：請同學分享自己畫出來的概念圖。

你認為乙老師引導的，是哪種類型的閱讀？（A）螞蟻式閱讀（B）蜘蛛式閱讀（C）蜜蜂式閱讀

你的答案：（　　）

情境丙

老師：同學想一想，「認真學習」和三條件中的哪個內容有關係？
同學：自修自得。
老師：「自修自得」和「認真學習」一樣嗎？
同學甲：一樣。
同學乙：「主動找到值得學習的課題」和認真學習一樣嗎？
同學丙：好像不太一樣吧。
同學丁：「獲得啓發」和認真學習好像也不太一樣。
老師：「自修自得」和「認真學習」真的一樣嗎？
同學：應該不太一樣。
老師：哪一種範圍較大？
同學：自修自得。
老師：你們現在的學習屬於哪一種？

同學：好像只有認真學習。

老師：所以還要多一點什麼？

同學：「要主動找到值得學習的課題」和「獲得啓發」。

老師：所以具備未來競爭力，只有認真學習夠嗎？

同學：好像還不夠。

老師：所以同學想一想結論要怎麼說比較恰當？

同學：把「認真學習」改為「主動學習」比較恰當

你認為丙老師引導的，是哪種類型的閱讀？（A）螞蟻式閱讀（B）蜘蛛式閱讀（C）蜜蜂式閱讀

你的答案：（　　）

參考答案

情境項目	閱讀類型	閱讀類型說明
情境甲	螞蟻式	●依照文章內容進行問答 ●同學只接受訊息，不能整理訊息
情境乙	蜘蛛式	●利用畫概念圖，讓同學自行組織概念之間的關係 ●同學能將訊息轉化為有價值的訊息
情境丙	蜜蜂式	●引導同學思考「自修自得」與「認真學習」是否完全相同 ●同學能對訊息內容進行反思，並提出看法

老師的教學策略

經由上述練習，你應該對課堂教學如何進行有效閱讀，有較清晰的認識。接著我們要進一步分析教學策略對教學效果的影響。教學策略可使用的方法很多，下表先簡單介紹幾個常用且有效的方法，做為學習教學策略的參考。

表 2 教學策略參考表

教學方法	內容說明
提問澄清	利用一系列的提問，澄清概念
直接講述	直接說明重點
小組討論	小組針對特定問題討論、釐清、形成共識
批判思考	分析、比較討論內容的異同、優劣
引導閱讀	進行閱讀前，先提出閱讀任務

【練習三】如何應用好的教學策略

練習目標：老師丁、戊、己也利用【閱讀短文】，進行「內容統整」的閱讀教學。以下的情境丁、戊、己，分別呈現這三位老師的教學方式。觀察後，想一想他們所進行的教學策略是什麼？哪些教學策略比較有效？（可多選）

情境丁

老師：這篇文章使用「總分總」的結構。

老師：「總」就是松下政經塾，請同學把它寫在這句話的旁邊。「分」就是它挑選未來領袖培養者的三個條件。請同學把它寫在這句話的旁邊。第二個「總」就是競爭力的關鍵不在於天資聰穎，而在於認真學習以及正確的態度。

老師：同學接著把挑選未來領袖三個條件的內容畫下來。

老師：同學瞭解這篇文章了嗎？

你認為老師丁使用的教學策略是什麼？（A）直接講授（B）小組討論（C）批判思考（D）提問澄清

你的答案（可多選）：（　　　　　　）

情境戊

老師：請同學分享小組討論後畫出來的概念圖。

小組甲：參考甲圖

小組乙：參考乙圖

小組丙：參考丙圖

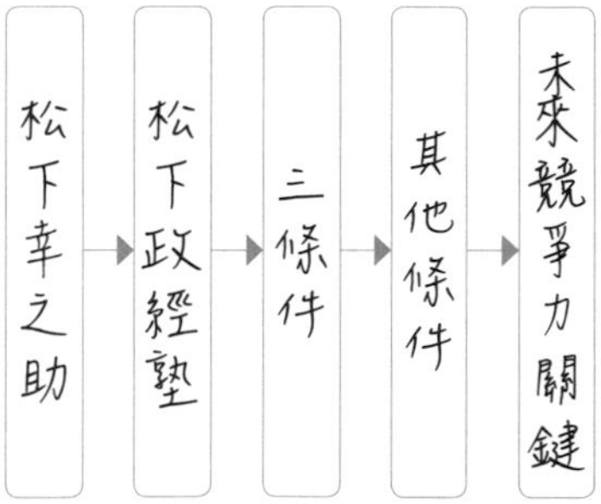

甲圖

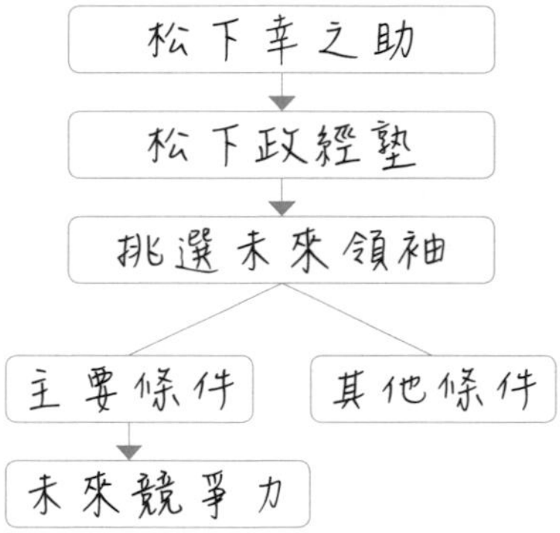

乙圖

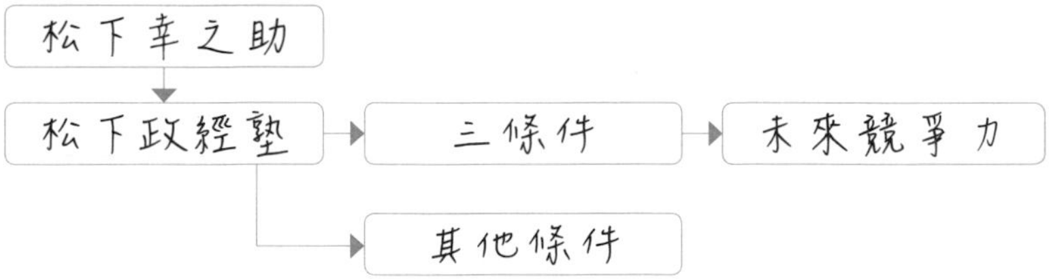

丙圖

老師：想一想這三個圖有什麼不同？

同學：甲圖根據文章敘述的順序，把概念依序畫出來。

同學：乙圖是先根據文章敘述的順序，把概念依序畫出來。接著在挑選未來領袖條件的地方，分出主要及次要條件兩個部份。最後說明未來競爭力的關鍵，只和三條件有關。

同學：丙圖先分出文章主要概念（松下政經塾、選才三條件、未來競爭力），和次要概念（松下幸之助、其他條件），再排列出文章主要概念的順序。

老師：你們覺得哪些圖比較能說明文章的重點？

同學：乙圖對概念用自己的理解做了一些整理，感覺概念的脈絡比甲圖更清楚。

同學：丙圖先用主要與次要的概念，重新安排概念之間的關係，再排列主要概念之間的順序，這樣文章概念的脈絡就更簡單清楚了。

你認為老師丁使用的教學策略是什麼？（A）直接講授（B）小組討論（C）批判思考（D）引導閱讀

你的答案（可多選）：（　　　　　）

情境己

老師：同學四個人一組，想一想這篇文章主要在說什麼？並練習把它寫出來。

（小組開始進行討論這篇文章「主要在說什麼」）

老師：現在每組派一位同學把你們討論的結果，秀出來。

小組甲：松下政經塾培養未來領袖的方法。

小組乙：松下政經塾挑選未來領袖的方法。

小組丙：具備競爭力的關鍵是認真學習、正確的態度。

小組丁：用松下政經塾挑選未來領袖的例子，證明競爭力的關鍵是認真學習、正確的態度。

老師：大家想一想這些答案有什麼不同？

同學：丁比較詳細，丙比較簡單。

老師：那甲、乙組有沒有不同？

同學：有……沒有……

老師：請大家再仔細想想看。

同學：我知道，「培養」和「挑選」不一樣

老師：哪個比較好？

同學：「挑選」才對，因為那三點是它們挑選學生的條件。

老師：很好，同學說那三點是挑選學生的「條件」，所以條件又比「方法」貼切。

老師問：丙和丁有什麼不同？

同學：丙只講重點，丁有過程。

老師：能不能說清楚一點？

同學：丁是先說例子，再用例子證明結論，所以有過程。丙只說結論。

老師：所以哪個較清楚？

同學：丁。

老師：所以這篇文章「主要在說什麼」的答案是？

同學：用松下政經塾挑選未來領袖的例子，證明競爭力的關鍵是認真學習、正確的態度。

老師：以後同學在考慮「主要在說什麼」時，除了結果，還要注意過程與結果的關係。

你認為老師丁使用的教學策略是什麼？（A）小組討論（B）批判思考（C）提問澄清（D）引導閱讀

你的答案（可多選）：（　　　　　　　　）

參考答案

情境項目	教學策略	教學引導說明
情境丁	直接講授	老師直接講授，學生被動記錄
情境戊	引導閱讀 小組討論 批判思考	● 老師引導討論「概念圖」 ● 小組進行討論並分享成果 ● 老師引導比較、評論概念圖
情境己	引導閱讀 小組討論 提問澄清 批判思考	● 老師引導討論「主要在說什麼」 ● 小組進行討論並分享成果 ● 老師提問澄清「挑選與培養」、「條件與方法」 ● 老師引導比較、評論答案

搭建學習鷹架

【練習四】瞭解如何搭建鷹架，協助解決困難

練習目標：老師庚、辛、壬利用【閱讀短文】，進行「搭建學習鷹架」的閱讀教學。以下的情境庚、辛、壬，分別呈現這三位老師的教學方式。觀察後，想一想何者較為有效？（可多選）

情境庚

老師：請同學把文章朗讀一遍。
老師：説明「經營之神」的定義。
（老師介紹「松下幸之助」的生平事蹟。）
（老師統整「塾」、「矇蔽」、「穎」相關的形近字。）
老師：同學把「松下政經塾」挑選未來領袖的三個重點圈起來。
老師：同學「對這篇文章還有什麼問題？」
（學生都沒有人提出問題。）
（老師舉自己的經歷，跟同學説明「認真學習」與「正確態度」的重要性。）

老師：同學聽完了老師的經驗，應該能體會到「認真學習」與「正確態度」的重要性。

你認為老師庚搭建的學習鷹架，能有效偵測學生的學習困難嗎？

你的答案：（　　）

情境辛

老師：請同學讀完文章後，先練習填寫下列學習單

一、為什麼松下幸之助先生要開創松下政經塾？

二、松下政經塾如何挑選學生？

三、利用「1、2、3、4、5」排列下列事件的先後順序

事件名稱	開創松下政經塾	創辦日本松下	設計課程，培養未來領袖	觀察能否進行獨立思考	觀察是否具備「素直的心」
事件順序		1			

（同學填答學習單）

老師四處走動，發現第二題有許多學生空白，詢問後發現他們不太理解題目在問什麼。

（同學作答完畢）

老師：第二題的答案是什麼？

同學：自修自得、運勢、素直的心

老師：很好，你是怎麼知道的？

同學：文章說：「有潛力的未來領袖，會先觀察三點」。

老師：「有潛力的未來領袖」和「學生」有什麼關係？

同學：「有潛力的未來領袖」就是「學生」。

老師：為什麼「有潛力的未來領袖」就是「學生」？

同學：因為……因為……（學生的答題困難就是：不知道「有潛力的未來領袖」就是題目的「學生」）

老師：好，大家想一想，松下政經塾要挑選的學生是什麼？（搭建學習鷹架）

同學：「有潛力的未來領袖」。

老師：所以「有潛力的未來領袖」就是「松下政經塾」的？（搭建學習鷹架）

同學：學生（協助同學解決問題）

老師：同學知道為什麼「有潛力的未來領袖」就是「學生」了嗎？

同學：知道了。

老師：那麼，松下政經塾挑選學生時，它會觀察哪三個條件？

老師：小偉（答案空白者），你說說看？

小偉：自修自得、運勢、素直的心（有效解決學習困難）

老師：小偉答得很好。

老師：小芳（答案空白者），為什麼「有潛力的未來領袖」可以說是「學生」？

小芳：因為政經塾要挑選的學生就是「有潛力的未來領袖」。

老師：很好，小芳你已經把這個題目弄明白了嗎？

小芳：對，我明白了。（有效解決學生學習困難）

你認為老師辛搭建的學習鷹架，能有效協助學生解決學習困難嗎？

你的答案：（　　　　　　）

情境壬

老師：讀完文章，同學有沒有什麼疑問？

同學：為什麼要用這三點來挑選學生？

老師：這個問題太棒了，大家想一想為什麼松下政經塾要用這三點來挑選學生？

同學：好難想……

老師：你們覺得自修自得容易嗎？哪些同學能做到請舉手。（搭建學習鷹架）

同學：太難了！

老師：失敗十次後，誰願意再繼續試下去？（搭建學習鷹架）

同學：太沒面子了。

老師：你們對別人都會盡心盡力幫忙嗎？（搭建學習鷹架）

同學：看情況……看交情……

老師：發現自己很懶惰，你會改變嗎？（搭建學習鷹架）

同學：不會（大家一起回答）

老師：所以答案是什麼？

同學：什麼答案？

老師：「為什麼松下政經塾要用這三點來挑選學生」的答案

同學：……………………太難了！

老師：答案只差半步了。（搭建學習鷹架）

同學：……………………我想到了！

小偉：因為對大家都太難了，所以如果能自修自得、積極、素直的心就可能是未來領袖。（解決學習困難）

老師：小偉真是太「神」了

你認為老師壬搭建的學習鷹架，能有效協助學生解決學習困難嗎？

你的答案：（　　　　）

參考答案

情境項目	能否偵測學習困難	原因
情境庚	不能	不能證明學習鷹架是否有效
情境辛	能	發現學生困難後，搭建的學習鷹架證明能有效解決學生的學習困難
情境壬	能	發現學生困難後，搭建的學習鷹架證明能有效解決學生的學習困難

提問澄清的技巧

經過教學策略的幾個互動測驗，你應該對教學策略的內容及使用，有更清晰的概念。然而在實際的教學中，「提問澄清」是極重要的教學策略，但一般老師往往以為只要有提問，就能幫助學生澄清概念，其實這是一個極大的誤解。

老師進行提問澄清時，如果技巧使用不當，雖然教學情境生動活潑，卻不能協助學生增加既有的理解。所以，在此我們也安排一項練習，讓老師了解如何善用提問技巧，幫助學生學習有效閱讀。

【練習五】瞭解提問澄清技巧

練習目標：老師甲、壬、丙，都以「提問」進行閱讀教學。觀察後，想一想他們使用的提問技巧有什麼不同？學生的學習成果有什麼不同？請將答案填入下列表格。

情境項目	提問技巧	學習成果
情境甲		
情境壬		
情境丙		

情境甲

老師：請學生把課文朗誦一遍。
老師：日本松下的創辦人是誰？
同學：松下幸之助。
老師：很好。同學都很認真。
老師：他被稱為什麼？
同學：經營之神。
老師：很好。同學，你們真聰明。
老師：他在逝世前開創了什麼？
同學：松下政經塾。
老師說：好棒。同學真是太優秀了。

情境壬

師：讀完文章，同學有沒有什麼疑問？
同學：為什麼要用這三點來挑選學生？
老師：這個問題太棒了，大家想一想為什麼松下政經塾要用這三點來挑選學生？

同學：好難想……

老師：你們覺得自修自得容易嗎？哪些同學能做到請舉手。（搭建學習鷹架）

同學：太難了！

老師：失敗十次後，誰願意再繼續試下去？（搭建學習鷹架）

同學：太沒面子了。

老師：你們對別人都會盡心盡力幫忙嗎？（搭建學習鷹架）

同學：看情況……看交情……

老師：發現自己很懶惰，你會改變嗎？（搭建學習鷹架）

同學：不會（大家一起回答）

老師：所以答案是什麼？

同學：什麼答案？

老師：「為什麼松下政經塾要用這三點來挑選學生」的答案

同學：…………太難了！

老師：答案只差半步了。（搭建學習鷹架）

同學：…………………我想到了！

小偉：因為對大家都太難了，所以如果能自修自得、積極、素直的心就可能是未來領袖。（解決學習困難）

老師：小偉真是太「神」了

情境丙

老師：同學想一想，「認真學習」和三條件中的哪些內容有關係？

同學：自修自得。

老師：「自修自得」和「認真學習」一樣嗎？（提出問題）

同學甲：自修自得就是認真學習。

同學乙：「主動找到值得學習的課題」和認真學習一樣嗎？

同學：好像不太一樣。

同學丁：「獲得啓發」和認真學習好像也不太一樣。（比較對照，發現答案）

老師：「自修自得」和「認真學習」一樣嗎？（繼續追問）

同學：不太一樣。

老師：哪一種比較好？

同學：自修自得。（提出優劣判斷）

老師：你們現在的學習是哪一種？（繼續追問）

同學：只有認真學習。

老師：所以還要多一點什麼？（繼續追問）

同學：「要主動找到值得學習的課題」和「獲得啓發」。

老師：所以具備未來競爭力，只有認真學習夠嗎？（繼續追問）

同學：好像還不夠。

老師：所以同學想一想結論要怎麼說比較恰當？（繼續追問）

同學：把「認真學習」改為「主動學習」比較恰當。（提出修正意見）

參考答案

情境項目	提問技巧	教學成果
情境甲	依照文章順序，提問文章內容	不能深化學生對文章的理解
情境壬	瞭解學生學習困難，搭建學習鷹架	有效解決學習困難
情境丙	提出問題 繼續追問	學生經過發現答案↓判斷優劣↓提出修正意見的過程，理解的層次逐步往上提升

國語文教學的現在與未來

經過上述的互動練習後，相信讀者對「閱讀類型」、「課堂教學」、「教學策略」、「學習鷹架」與「提問技巧」，已有更清晰的認識。現在讓我們針對上述所提供的教學情境進行統整與回顧，並請嘗試思索：

一、你認為上述甲、乙、丙、丁、戊、己、庚、辛、壬九種情境，在目前教學現場最常見的是哪三種？它們具有哪些共同特質？

我的想法是：

二、未來你最想進行的教學情境是什麼？你可能會遭遇的困難有哪些？

我的想法是：

現在進行式

放眼國內的國語文課堂教學，情境庚、丁與甲，可說是教學情境的大宗。

情境庚

老師：請同學把文章朗讀一遍。

老師：說明「經營之神」的定義。

（老師介紹「松下幸之助」的生平事蹟。）

（老師統整「塾」、「矇蔽」、「穎」相關的形近字。）

老師：同學把「松下政經塾」挑選未來領袖的三個重點圈起來。

老師：同學「對這篇文章還有什麼問題？」

（學生都沒有人提出問題。）

（老師舉自己的經歷，跟同學說明「認真學習」與「正確態度」的重要性。）

老師：同學聽完了老師的經驗，應該能體會到「認真學習」與「正確態度」的重要性。

【情境庚解析】

這是最常見的課堂教學情境。大家根據備課用書，遵循下列的教學模式，每一課反覆操作：

◎作者或題解的背景介紹。

◎段落教學

——背注釋：把課文的注釋背下來。

——統整語詞的形音：例如，文本中有「塾」這個字，就會順便把：熟、熱等形近或同音字加以補充。

——畫重點：把文章有一、二、三的重點，或首、末句圈起來。

——講修辭：把句子的修辭技巧說一遍。

——寫段落大意：老師念段落大意，學生抄錄下來。

——講個人經驗：老師利用個人經驗，闡發文章所寫的「道理」：例如用自己小時候認真學習，後來當上老師的經驗，提醒學生也要認真學習。

◎寫測驗卷

測驗卷試題多為書商所提供的光碟或書商販售的測驗卷，試題完全是四選一的選擇題。

情境丁

老師：這篇文章使用「總分總」的結構。

老師：「總」就是松下政經塾，請同學把它寫在這句話的旁邊。「分」就是它挑選未來領袖培養者的三個條件。請同學把它寫在這句話的旁邊。第二個「總」就是競爭力的關鍵不在於天資聰穎，而在於認真學習以及正確的態度。

老師：同學接著把挑選未來領袖三個條件的內容畫下來。

老師：同學瞭解這篇文章了嗎？

【情境丁解析】

這是在情境庚中，多加「總分總」的結構教學。講文章結構除了「總分總」外，常見的還有「先總後分」的演繹式，「先分後總」的歸納式，先敘後議的「小故事大道理」模式，夾敘夾議的「說明—看法—說明—看法」模式，「引言—正文—結論」的三段式，「起—承—轉—合」的四段式，以及「合—分—分—」的「散列式」等。

情境甲

老師：請學生把課文朗誦一遍。
老師：日本松下的創辦人是誰？
同學：松下幸之助。
老師：很好。同學都很認真。
老師：他被稱為什麼？
同學：經營之神。
老師：很好。同學，你們真聰明。
老師：他在逝世前開創了什麼？
同學：松下政經塾。
老師說：好棒。同學真是太優秀了。

【情境甲解析】

這是在情境庚中，多加「提問教學」，希望能打破教師直接講述的缺失，讓教學氛圍更活潑。

然而，以上三種教學情境，有什麼缺點？歸納起來至少有以下幾項：

✘ 課堂的主角都是老師。老師不斷的講述，同學卻沒有思考、討論的機會，也沒有統整、組織的學習。

✗ 老師認為學生不會寫或寫錯字，就不會閱讀，所以花很多時間教語詞的形音。

✗ 老師拚命要同學背注釋、背修辭。

✗ 老師的提問，全部根據文章順序，且只提問表層訊息，所以同學上課雖然很開心，但上完課，往往會迷惑「這課的重點到底是什麼」。

✗ 老師表層訊息的提問，不能讓學生在既有的理解基礎上，往上提升。

✗ 老師不在乎學生的學習困難。

■ 未來式

提升學生的學習效果是課堂教學的首要目標，因此課堂的主人是學生不是老師。老師最重要的工作是激發學生的學習熱情，協助學生解決學習的困難，引導學生對自己有更多的期待。因此期待未來的教學情境是：當老師走入教室時，內心能思考——

我怎樣讓孩子喜歡這堂課？

我怎樣幫助他們進行更有效的學習？

我怎樣建立他們學習的信心？

我怎樣激發他們內在的潛力？

而當老師離開教室時，內心能思考：

孩子喜歡這堂課嗎？我們還能再做什麼？
孩子因爲哪個教學設計，學習更有效了？我們還能再做什麼？
孩子因爲互相討論，得到了什麼進步？
他們學習的信心增強了嗎？我們還能再做什麼？
因爲搭建了學習鷹架，孩子跨越學習障礙了嗎？
他們內在的潛力被激發了嗎？
我們還能再做什麼？

上述說明，細心的讀者會發現，進入課堂前的反思者是「我」，但課堂後的改善則是「我們」。這也就是說，未來改變課堂教學的課程設計，是老師團隊合作的結果，每位老師只是利用團隊合作的結果，在課堂中實踐、觀察、反思，所以老師不必擔心自己是孤軍奮鬥。

此外，傳統教學所重視的知識內容，並無法回應上述「喜歡、有效、信心、潛力」的問題。所以老師未來應該關注的是「學生學習的能力」，因為只有學生學會了能力，才能證明學習有效，才能協助他們產生信心、發揮潛力。

那麼，學生學習國語文閱讀所需具備的能力是什麼？其實很簡單，就是善於使用策略，幫助自己有效理解訊息內容。所以本章表1（二三頁）所列舉的五種閱讀策略，包括「找一找」、「說出主要的」、「為什麼」、「想一想」以及「你認為」，就是協助學生培養閱讀能力最有效的方法。

老師只要利用教材，訓練孩子使用這些策略，就是培養學生的閱讀能力。而策略運用的愈純熟，閱讀能力就愈強。所以老師應該關心的是，如何利用課文，教孩子使用閱讀策略，策略學會了，學生就會應用，發展出屬於自己的閱讀理解。一旦學生學會自己閱讀理解，老師課文有沒有教完，就不重要了，因為學生已經能自我學習了。

而如何增加學生的學習信心與學習潛力，這些也與有效學習相關。因為，有效學習最重要的是先瞭解學生的學習困難，其次瞭解學生理解的層次，最後是提供學習鷹架，讓同學自行解決學習困難，或提升理解層次。

那麼，老師如何得知學生的學習困難？

最好的方式當然請學生自行說明，但同學的問題如果流於瑣碎，往往不易解決更重要的閱讀問題。因此，建議利用學習單做為輔助。老師可以利用學習單瞭解學生對學習重點的學習狀況。（這部份可參考【情境辛】的教學。）

另外，老師如何瞭解學生理解的不同層次？最常用的方式是讓學生根據理解畫出概念圖，老師可以根據同學畫出來的概念脈絡，瞭解學生理解的層次。（這部份可參考【情境乙】與【情境戊】的教學。）

最後，老師如何提供學習鷹架，協助學生解決學習困難？學生學習困難的樣貌很多，最主要的類別是無法理解，或表達不夠準確兩種。

無法理解最常見的情況是，學習落後學生對「換句話說」產生的新情境難以理解。例如，將「松下政經塾培養有潛力的未來領袖」轉化為「松下政經塾的學生」，學生就會對什麼是「松下政經塾的學生」產生迷惑。所以老師要善用學習鷹架，協助他們解決。（這部份可參考【情境辛】的教學。）

而表達不夠準確是指，同學表達理解時，往往會呈現不知如何表達，表達粗略，或表達不夠準確的現象。例如【情境己】，甲組與乙組的同學，雖然理解相同，但甲組同學的表達不夠準確。經老師察覺後，立刻提出來請學生思考「培養、挑選，條件、方法」的差異，學生經過比較對照後，立刻能瞭解應如何表達才準確。

此外，搭建學習鷹架，也可以利用連貫的提問，深化學生的閱讀理解。例如【情境丙】老師先提出問題，讓同學思考比較「自修自得」和「認真學習」是否相同？同學深入思考，主動發現有兩點不同；老師接著提問「自修自得」和「認真學習」何者較佳？同學能進一步做優劣判斷；老師再問「生活中認真學習」的不足？同學能學習遷移，將內容轉為生活應用；老師最後問「認真學」應如何修改？同學能提出修正意見。【情境丙】老師藉由一連串的問題，將同學的思考層次漸次推升，是一個利用提問技巧，搭建學習鷹架，提升學生閱讀思考層次的最好典範。

利用提問技巧，搭建學習鷹架，提升閱讀思考層次，雖然是閱讀教學最優美的藝術形式，而最重要的目的是：

協助學生自己找到答案，
所以更需要老師有等待的時間與耐心。

小結

閱讀完本章，你應該已經對閱讀的歷程、閱讀策略與閱讀教學，有了更多的認識。現在，你期待自己進行閱讀時，是關心「讀到了什麼」，還是關心「想到了什麼」？你期待教學時，是關心學生「讀到了什麼」，還是關心學生「想到了什麼」？

莊子認為「讀書只是撿拾古人的糟粕」，他真正的意思其實是：讀書的價值在於建立一個思考的歷程，而不是擷取書中現成的概念或知識。所以，閱讀最困難的部分不是去讀，而是去思考。在思考的時候，要用筆去畫、去寫，而在畫一畫、寫一寫的歷程中，自然能不斷澄清自己的理解。

接下來的第二章，將更完整的說明有效閱讀的學習藍圖。也請讀者記得：

拿出筆來，一邊讀、一邊畫、一邊思考。

第 2 章

有效閱讀，如何學？

學習或閱讀喜悅的來源，很重要的就是主動性。一篇文章究竟好在哪裡？應該讓讀者自己去發現，而不只是聽別人講述這篇文章有多好。就好比啃甘蔗，老師啃了甘蔗後，一直跟學生說這甘蔗有多麼甜、有多麼好吃，但如果都不讓學生親身去啃一下，那麼學生所感受到的好甜、好吃，都只是老師啃完之後吐出來的殘渣而已。就像莊子曾說「君之所讀者，古人之糟粕已夫！」若學生在閱讀的過程中，若都只是接收前人或老師告訴他們的知識糟粕與殘渣，對提升孩子的閱讀素養是事倍功半、甚至徒勞無功。

因此，老師很重要的任務是要誘導學生去吃那根甘蔗，要設計讓學生願意拿起甘蔗來吃，慢慢吃，慢慢體會甘蔗好吃，並自己發現到底好在哪裡。這整個歷程，其實就是有效閱讀與有效學習的歷程。

事實上，不管是老師、學生或任何一個渴望享受更深刻閱讀樂趣的讀者，都可以透過本書提供的步驟與練習，培養有效閱讀的能力。特別是老師，在帶領學生進行有效閱讀之前，自己一定要先懂得如何有效閱讀，並在過程中真正體會過閱讀的樂趣後，才能很自然地將閱讀樂趣傳達給學生。

在這一章，將以不同文類的學習地圖、操作步驟、閱讀技巧做為如何讀的核心，希望能幫助讀者依循學習地圖，熟練操作步驟，善用閱讀技巧，在閱讀的世界隨心所欲的進行各種「思考」探險，並且自得其樂。

壹　三種文類的學習地圖

閱讀的學習地圖，主要內容有四部份：文本類型、閱讀歷程、閱讀策略、閱讀技巧。先將這四部份的內容簡要說明如下：

● **文本類型**——最常見到的文本類型大致包括：「圖表類」文本、「知識類」文本、「文學類」文本。

● **閱讀歷程**——完整有效的閱讀歷程應該包括：「檢索與擷取」→「統整與解釋」→「省思與評鑑」。

● **閱讀策略**——讀者在閱讀時，可以運用的閱讀策略包括「找一找」、「說出主要的」、「為什麼」、「說一說」以及「你認為」。

● **閱讀技巧**——在上述的閱讀策略之下，讀者可以熟練以下的閱讀技巧：

▲ 找一找：找出重要、明確、特別的概念或訊息。

▲說出主要的：說出主要的概念、趨勢、類別、目的、背景、人物、事件，並根據這些重要概念畫出概念圖，組織重要概念的關係。

▲為什麼：利用解釋因果或觀點、關係，排列順序，比較異同，詮釋詞句、圖文等形式，解釋文本的表層訊息。

▲想一想：利用寫作技巧、效果、目的或寓意，來分析文本訊息的深層涵義。

▲你認為：利用推論內容與形式，提出看法，並以文中證據或合理的解釋，來支持看法。也可以在說出某種看法後，只舉文章中的例子加以證明。

根據上述說明，可將三種文類的重要關係重點，簡單整理如表❶。

表❶ 三種文類的學習地圖簡表

類別／歷程／策略	檢索與擷取	統整	解釋	省思與評鑑
閱讀策略	●找一找	●說出主要的概念並畫出概念圖	●為什麼 ●想一想	●你認為
圖表類文本的閱讀技巧	●找明確、特別訊息	●說出趨勢、目的、類別	●解釋概念、比較異同、排列順序	●推論內容
知識類文本的閱讀技巧	●找重要訊息	●說出目的、概念、類別 ●畫出概念圖	●解釋概念、比較異同、排列順序	●推論形式、內容或只舉例支持

文學類文本的閱讀技巧	●找重要訊息	●說出目的、背景、人物 ●畫出概念圖或情節脈絡圖	●解釋概念、比較異同、排列順序、詮釋詞句 ●寫作技巧、效果、目的，寓意	●推論形式、內容或只舉例支持

貳　三種文類的閱讀操作步驟

瞭解學習地圖的內容後，我們接著要熟悉不同文本類型的閱讀操作步驟。

由於圖表、知識與文學三類文本的屬性不同，而文學類文本的小說、戲劇、散文，也有各自特色，所以閱讀步驟與閱讀重點各有不同。本書嘗試將不同類型文本的閱讀步驟、閱讀重點與閱讀策略加以整合，做成閱讀操作步驟。分別說明如後：

●圖表類文本的操作步驟

▲閱讀第一遍：先看標題，再瀏覽全圖或全表的橫軸與縱軸，瞭解圖表目的及主要重點。

▲閱讀第二遍：注意圖表特別的訊息，如最高、最低或最特別的部分。

▲閱讀第三遍：比較圖表內容之間的關係，並嘗試進行解釋或排列新順序。

▲閱讀第四遍：對圖表內容，進行推論，並提出合理看法。

若畫成步驟圖，可如下圖所示：

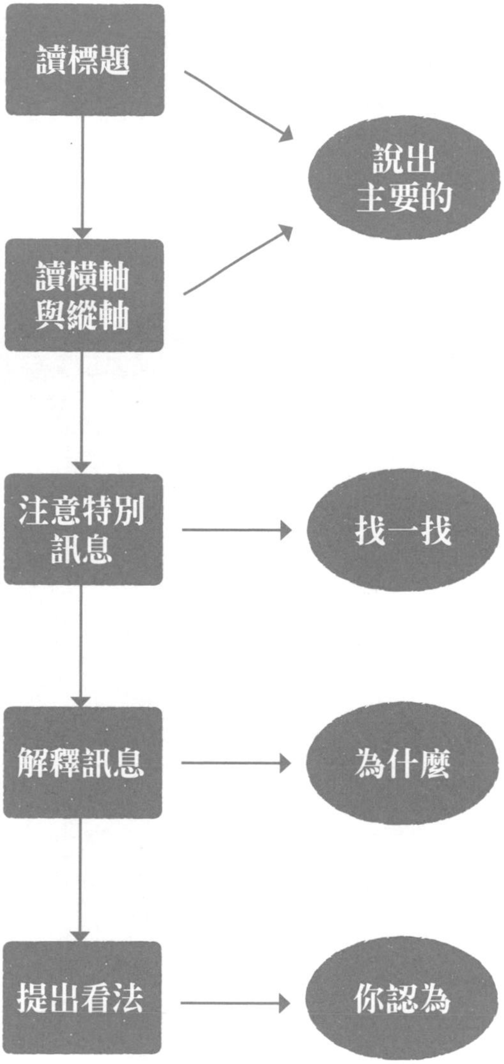

● 知識類文本與散文文本的操作步驟

▲閱讀第一遍：先看題目，再瀏覽全文，檢索重要訊息。

▲閱讀第二遍：根據重要訊息，統整主要概念。利用概念圖，組織主要概念與相關概念的關係。

▲閱讀第三遍：根據概念圖的主要、相關概念，進行解釋。

▲閱讀第四遍：對文本內容或形式，進行推論，並提出合理看法。

若畫成步驟圖，可如下圖所示：

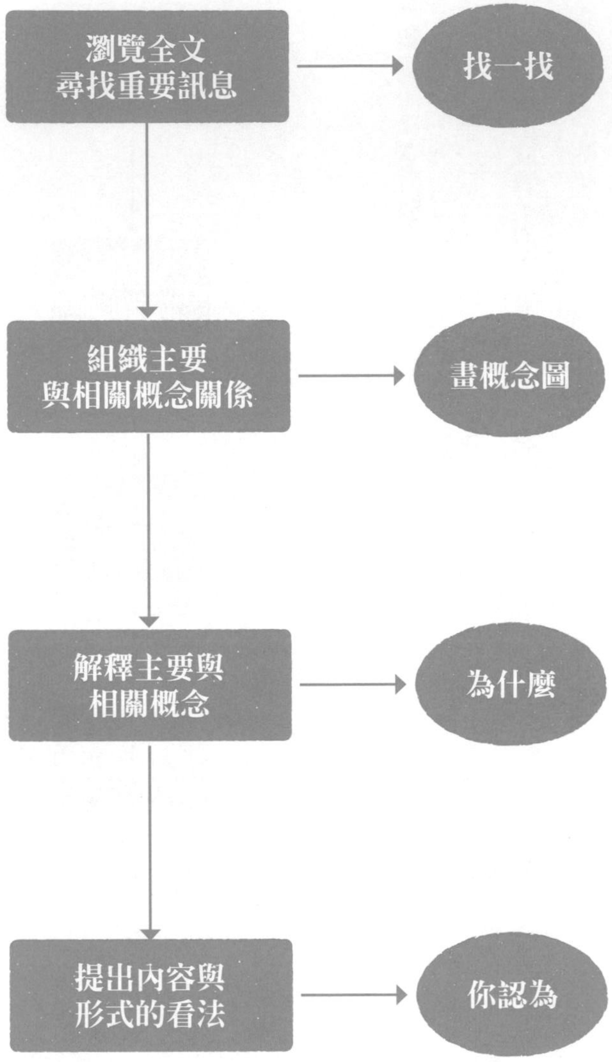

● **小說文本的操作步驟**

▲閱讀第一遍：先瀏覽全文，檢索重要訊息，統整主要人物及基本脈絡。大體來說，小說的基本脈絡可分為開始、發展、高潮、結束。

▲閱讀第二遍：根據基本脈絡，組織脈絡內的相關內容，畫出情節脈絡圖。

▲閱讀第三遍：檢索主要人物的背景；解釋人物、事件關係；分析人物行為、對話、細節。

▲閱讀第四遍：對文本內容、形式，進行推論，並提出合理看法。

若畫成步驟圖，可如下圖所示：

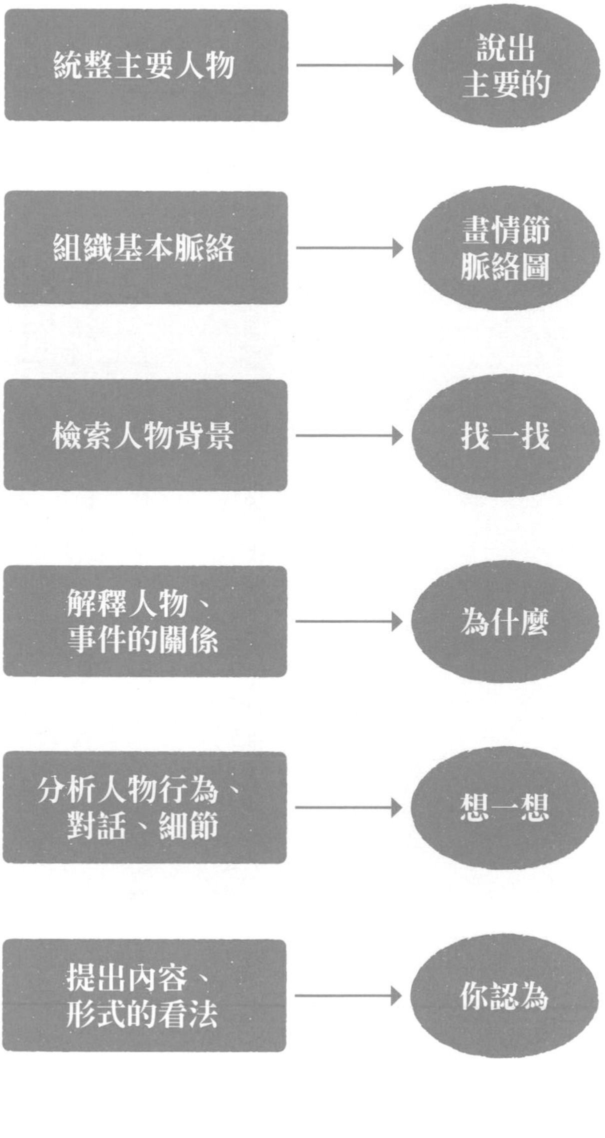

● 戲劇文本的操作步驟

▲閱讀第一遍：先瀏覽全文，尋找主要人物。

▲閱讀第二遍：根據人物對話、行為的重點，畫出情節脈絡圖。

▲閱讀第三遍：找一找場景重點；解釋人物、事件關係；分析人物行為、對話、細節的描寫。

▲閱讀第四遍：對文本內容、形式，進行推論，並提出合理看法。

若畫成步驟圖，可如下圖所示：

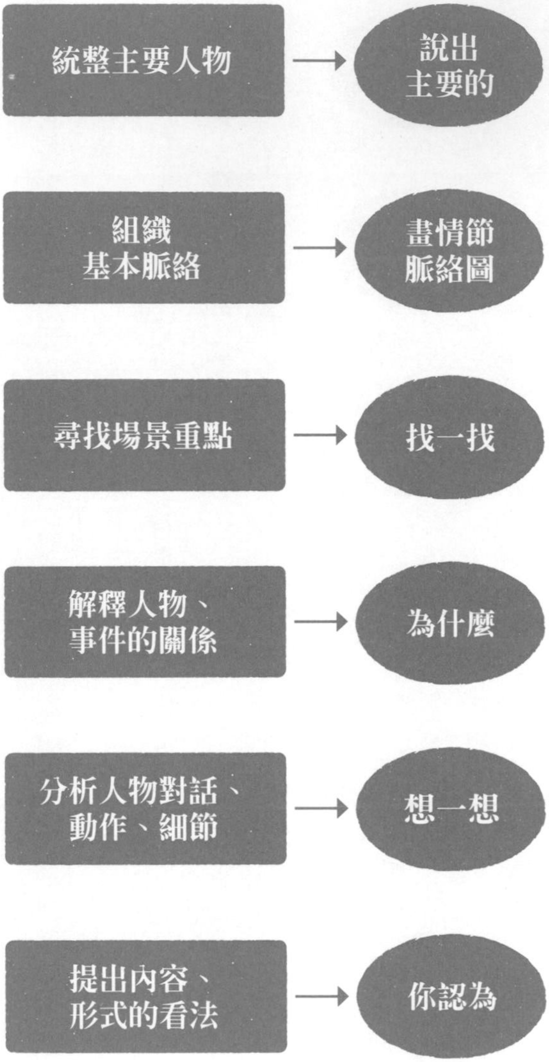

參 拿起筆，一起進入閱讀理解的世界！

在瞭解學習地圖的內容與不同文本的閱讀操作步驟後，我們就可以開始進行「有效閱讀」的練習了。「有效閱讀」的程序是——先瞭解文本種類，再根據閱讀操作步驟進行閱讀，最後是設計問題，自我檢核閱讀理解。

由於設計問題，自我檢核閱讀理解實行較為困難，所以我們會先安排閱讀範例，並提供測驗試題，協助讀者檢核自己的閱讀理解，以及能否善用閱讀策略。最後一個閱讀範例，再透過互動測驗，邀請讀者開始練習設計問題，自我檢核閱讀理解。

讀者進入設計問題，自我檢核閱讀理解時，有一些提醒請注意：

- 自己先畫出概念圖或情節脈絡圖。
- 根據概念圖或情節脈絡圖上的主要或相關概念來設計問題，這樣才能讓你設計的問題是文本重要的問題。
- 你所設計的問題，不一定與我們所提供的參考問題相同，但你可以進行比較，瞭解自己的優點與不足。

以下就根據不同的文本類型，跟著我們從檢索擷取開始，逐步進展到統整、解釋，以及省思評鑑等閱讀歷程，走一趟有效閱讀的「自我訓練」之旅！

01 圖表類文本，如何讀？

圖表類文本包括統計圖、分類圖與數字表三類。

「數字表」是將各種數字訊息以表格呈現，使資料更清晰易讀，常見的數字表如車次時刻表、電影場次時刻表、頻道節目時刻表、展覽開放時間表等。

「統計圖」是將統計數字改用圖表來呈現，使資料更清晰易讀，常見的統計圖如長條圖、折線或曲線圖、圓形圖等。

「分類圖」是將內容做不同層次分類，使資料的脈絡關係清晰易懂，常見的分類圖如樹枝圖等。

進入實際的閱讀歷程後，圖表類文本的操作步驟為：

▲檢索與擷取階段：採用「找一找」的閱讀策略。在技巧上，需注意「橫軸與縱軸」的明確訊息，以及留意圖表中「最多、最少、開始、結束或變化點」等特別訊息。

▲統整階段：採用「說出主要的」的閱讀策略。在技巧上，可透過「讀標題」瞭解圖表目的；「讀橫軸與縱軸」瞭解主要概念；「讀內容」看出圖表趨勢與變化。

▲解釋階段：採用「為什麼」的閱讀策略。在技巧上，可透過解釋項目之間的關聯性，比較相同、相異的內容，或利用某種新標準，重新排列順序，達到解釋圖表的目的。

▲省思與評鑑階段：採用「你認為」的閱讀策略。在技巧上，可透過「對內容、形式進行推論，並提出合理看法」，深入思考圖表內容。

【練習一】

文本類型：數字表

閱讀目標：能檢索與擷取、能統整

動手來練功

一、請根據下表，說明這張表主要的功用？

二、找一找「北投分館」星期三下午開放到幾點？

台北市立圖書館總館與分館 開放時間表

	台北市立圖書館總館	市立圖書館北投分館	市立圖書館三民分館	市立圖書館中正分館	市立圖書館大安分館
星期日	13:00～17:00	休館	14:00～17:00	休館	14:00～17:00
星期一	11:00～20:00	11:00～17:30	13:00～20:00	11:00～17:30	10:00～17:30
星期二	11:00～20:00	11:00～20:00	11:00～20:00	11:00～20:00	11:00～20:00
星期三	11:00～20:00	11:00～17:00	10:00～20:00	11:00～17:00	11:00～20:00
星期四	11:00～20:00	11:00～17:30	10:00～20:00	11:00～17:30	11:00～20:00
星期五	11:00～17:00	11:00～17:00	10:00～20:00	11:00～17:00	11:00～17:30
星期六	10:00～13:00	10:00～13:00	9:00～13:00	10:00～13:00	9:00～13:00

三、找一找週六上午九點，可以使用哪些分館？

一起來討論

編號	答案核心	閱讀策略
一	瞭解台北市立圖書館總館與分館的開放時間	說出主要的
二	下午五時（十七時）	找一找
三	三民或大安分館	找一找

說明：問題答案和說明，因為具有個人理解與書寫的特質，差異性較大，因此本書只提供答案核心。讀者可參考此答案核心，用個性化的書寫來呈現。例如：試題編號一，也可以寫成：

——這張表可以幫助我們瞭解「台北市立圖書館總館與分館的開放時間」。

——這張表主要的功用，是說明「台北市立圖書館總館與分館的開放時間」。

——這張表告訴我們「台北市立圖書館總館與分館的開放時間」。

——從這張表我們可以知道「台北市立圖書館總館與分館的開放時間」。

【練習二】

文本類型：統計圖

閱讀目標：能檢索與擷取、能統整、能解釋

動手來練功

一、請根據下表，找一找「每人可使用天然水量」最高與最低的國家？

二、說明美洲與亞洲「可使用天然水」的主要趨勢？

三、解釋台灣「可使用天然水量」與世界平均值的關係？

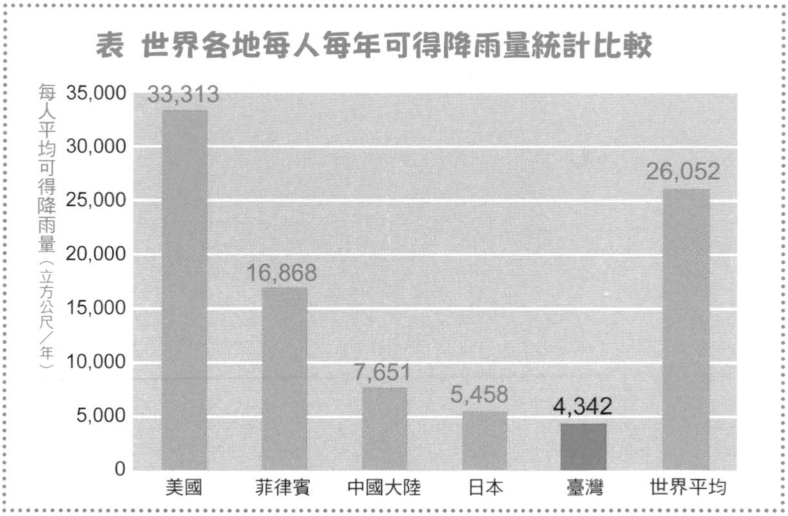

（本圖表摘自《晨讀10分鐘：中學生論情說理說明文選》267頁；原報導出自《環境台灣》，1996年9月《天下雜誌》出版）

一起來討論

編號	答案核心	閱讀策略
一	最高美國、最低台灣	找一找
二	美洲高於世界平均值，亞洲低於世界平均值	說出主要的
三	台灣是世界平均的六分之一	為什麼

【練習三】

文本類型：分類圖

閱讀目標：能檢索與擷取、能統整、能解釋、能省思與評鑑

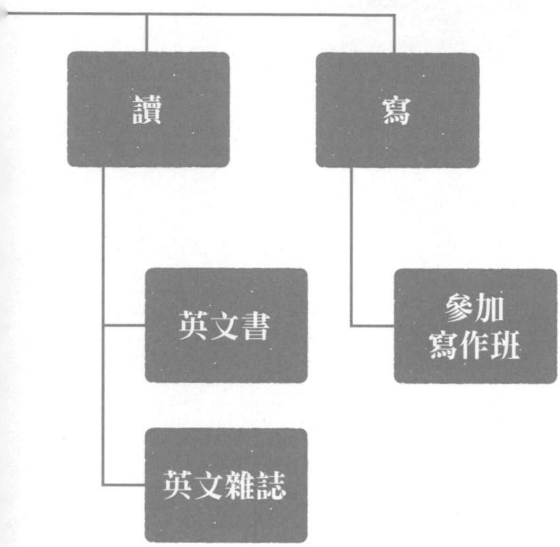

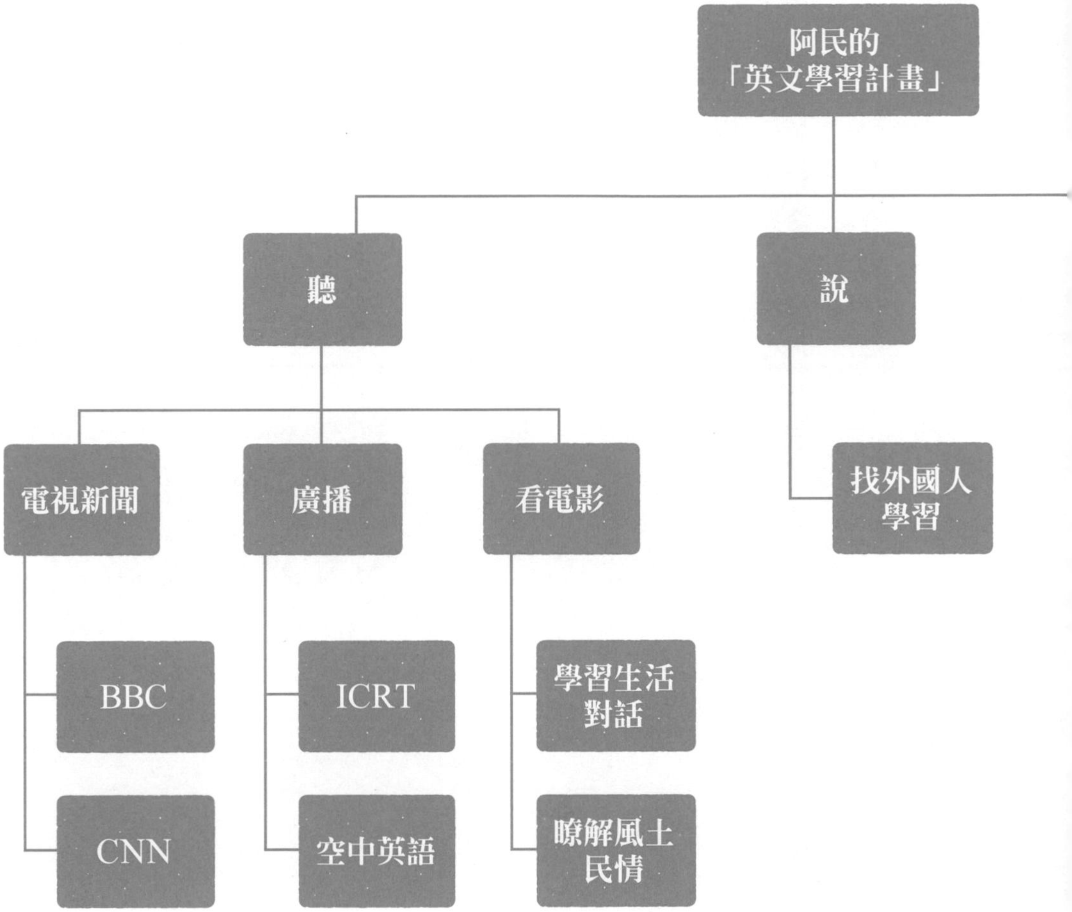
阿民的
「英文學習計畫」
聽
說
電視新聞
廣播
看電影
找外國人學習
BBC
CNN
ICRT
空中英語
學習生活對話
瞭解風土民情

動手來練功

一、找一找，阿民練習聽力時，準備利用哪些廣播節目？

二、阿民的「英語學習計畫」，主要包括哪四類？

三、阿民想利用電子郵件，與美國朋友連絡以練習英文。解釋他可以將這個方法，放在聽、說、讀、寫中的哪些類別？

四、你認為在「聽」的學習計畫中，電視新聞、廣播、看電影這三類，哪一類的分類細項，與其他兩類不同？並說明你認為它不同的理由？

一起來討論

編號	答案核心	閱讀策略
一	ICRT、空中英語	找一找
二	聽、說、讀、寫	說出主要的
三	放入讀、寫的類別	為什麼（解釋觀點）

四	看電影的分類細項，與其他兩類不同 理由：因為其他類別都是說明學習內容，此處卻是說明學習目的，因此推斷分類細項與其他兩類不同	你認為

【進階練功坊】問題設計

文本類型：統計圖

閱讀目標：能檢索與擷取、能解釋、能省思與評鑑

動手來練功

請根據下方統計圖，以及各題所提示的閱讀策略與技巧，練習設計四個問題：

一、請利用**找一找（特別訊息）**的閱讀策略，設計一個問題。

二、請利用**為什麼（解釋訊息）**的閱讀策略，設計一個問題。

三、請利用**為什麼（排列順序）**的閱讀策略，設計一個問題。

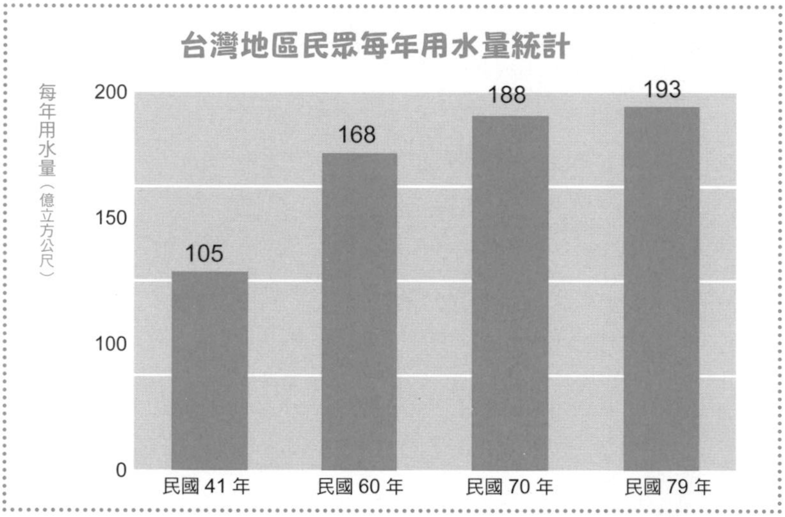

（本圖表摘自《晨讀10分鐘：中學生論情說理說明文選》267頁；原報導出自《環境台灣》，1996年9月《天下雜誌》出版）

四、請利用**你認為（推論內容，說明理由）**的閱讀策略，設計一個問題。

一起來討論

編號	問題設計參考	答案核心
一	找一找用水量最低的年度？	民國四十一年
二	解釋用水增加速度最快的是哪一段時間？	民國四十一到六十年
三	根據每年「平均用水增加量」，由少到多的順序，排列民國「四十一到六十年」、「六十到七十年」、「七十到七十九年」三個年段的先後順序？	民國七十到七十九年增加量最少，六十到七十年增加次之，四十一年到六十年增加量最多。
四	你認為民國八十年到一百年，台灣「平均用水增加量」的曲線會有什麼變化？	看法：緩升、持平或緩降 理由：根據民國六十到七十九年上升減緩，七十到七十九年上升更緩的趨勢，推斷未來大幅增加或減少的機會不大，所以推論曲線變化為緩升、持平或緩降。

02 知識類文本，如何讀？

知識類文本，大致可分為說明性與評論性兩類。

說明性的知識類文本，是以客觀的敘述說明主題及相關概念，較少涉及個人的立場與觀點。

評論性的知識類文本，在說明主題與相關概念時，會表達個人立場與觀點。

進入實際的閱讀歷程後，知識類文本的操作步驟為：

▲檢索與擷取階段：採用「找一找」的閱讀策略，在技巧上需注意與題目相關的重要訊息。

▲統整階段：採用「說出主要的」的閱讀策略。「說出主要的」是從重要概念中找出重點。而「畫概念圖」則是利用組織重要概念的關係來繪製。

▲解釋階段：採用「為什麼」、「想一想」的閱讀策略。在技巧上，「為什麼」可透過「比較異同」、「排列順序」、「解釋因果、關係或觀點」、「詮釋詞句或圖文」等來解釋段落的表層訊息。採用「想一想」的閱讀策略，則可利用分析寫作技巧、效果、目的等方式，分析文本的深層訊息。

▲省思與評鑑階段：採用「你認為」的閱讀策略。在技巧上，透過「對內容、形式進行推論，並提出合理看法」，深入思考文本訊息。

【練習二】

文本類型：說明性

閱讀目標：能檢索與擷取、能統整、能解釋、能省思與評鑑

基隆濁浪

❶ 從西班牙人所繪的基隆港圖可知，基隆港是一個谷灣式的港口，當時，只有和平島和大沙灣有聚落。和平島的大雞籠社部落在今日的和平島橋頭，大雞籠社的凱達格蘭人以貿易、工藝及漁獵、種植爲生，並已懂得使用煤炭爲燃料。

❷ 一六二六年，西班牙人從呂宋島北來佔領雞籠港，在和平島修築「聖薩爾瓦多城」，開始挖掘煤礦。一六四二年，荷蘭人從南臺灣北上趕走西班牙人，仍繼續少量的開採。

❸ 清朝乾隆時期，由於從大陸移入的人口逐漸增多，煤炭的需求量也跟著增加，但雞籠士紳卻認爲，「雞籠山一帶，爲合境來龍，靈秀所鍾，風脈攸關，一經損傷，全臺不利」，官府於是下令禁止煤礦開採。但禁令擋不住民間私掘，更擋不住外國勢力的覬覦。那時海上行走的多是燒煤的新式輪船，如果能在東方就地加煤，自然方便省事。鴉片戰爭期間的一八四一年，英國船艦紐布達號直接駛入雞籠港，朝三沙灣砲台開砲，遭守軍擊退。

硬佔行不通，英國海軍便改用其他手段，於一八四八年派員探勘，報告指出：「煤

的品質不錯，容易燃燒」，並於一八五〇年由英國駐北京公使向清廷提出開採要求，清廷拒絕。一八五四年，美國海軍船艦也到雞籠調查煤礦。一八五八年，清廷於英法聯軍之役失利，在天津條約中議定臺灣開港。一八六〇年，滬尾（淡水）開港；一八六三年，雞籠也開港成為滬尾的副港，外國船艦終於如願在雞籠得到想要的煤炭。

❹ 清廷經歷對外戰爭失敗、甚至北京都被攻陷的慘痛教訓，決定「師夷之長技以制夷」。一八六六年，閩浙總督左宗棠奏請在福州設立造船廠，製造西式輪船，以確保海防安全，並派人到雞籠向各商行購買民間私採的煤炭，就近供應船廠需求。海防的重要性既然高於當初的禁令，清廷於是在一八七〇年取消採煤禁令，讓私採就地合法。一八七四年，船政大臣沈葆楨因日軍攻打屏東牡丹社來臺灣籌辦防務，先是建請將出口的煤炭減稅，後來又主張由官方直接引進西方的人才和技術，推動大規模的機器開採。

❺ 一八七五年，臺灣行政區重劃，雞籠換上新名字「基隆」（取「基地昌隆」之意），還配置了相當於「廳」的辦公官署——與七十年前只有一名小武官帶幾十個士兵把守，此時的基隆已經不可同日而語。隔年，八斗子更成立了第一口由官方經營、而且聘請英國工程師負責開採的煤礦井，為臺灣的機械化採煤開立先鋒。

節錄自〈海洋台灣〉，尹萍撰文

二〇〇六年六月《天下雜誌》出版

■本文主要概念（括弧內的數字，表示在文本中與此概念相關的段落）

▲外國事件：以英國為主，分為強入、探勘、要求開採、訂約開港、輪船購煤（❶❷❸）

▲本國事件：以清廷為主，分禁採、開放、減稅、機械官採（❸❹❺）

■本文重要內容統整

以「時間」為橫軸，「國別」為縱軸，「基隆與煤礦」的重要事件為：

時間	清廷事件	外國事件
清領以前	本國人如（凱達格蘭人）在雞籠，進行少量煤礦的開採。	外國人如（西班牙人）和（荷蘭人）在雞籠，進行少量煤礦的開採。
清乾隆時	（官府）禁止煤礦開採，但民間仍進行少量煤礦的開採。	
一八四八年		（英）國人探勘基隆煤礦。
一八六三年		英國船艦可以在（雞籠）購買煤炭。
一八六六年	閩浙總督（左宗棠）為確保海防安全，建造（西式輪船），並至雞籠購買（私採）的煤炭。	
一八七〇年	清廷（解除）採煤禁令。	
一八七四年	（沈葆楨）來臺，建議煤炭減稅。	
一八七六年	（八斗子）成立第一口由官方經營，聘請（英）國工程師設計以（機械式）的方式開採煤礦。	

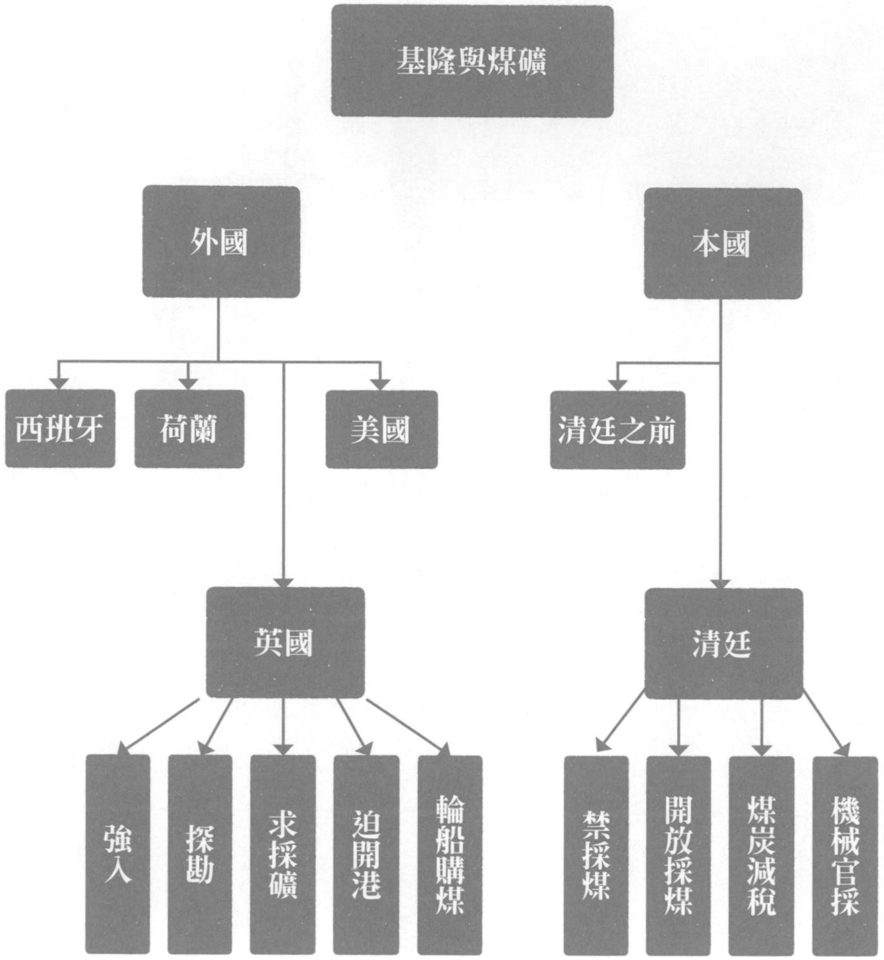
基隆與煤礦
外國
本國
西班牙
荷蘭
美國
清廷之前
英國
清廷
強入
探勘
求採礦
迫開港
輪船購煤
禁採煤
開放採煤
煤炭減稅
機械官採

動手來練功

一、為什麼天津條約中，英國人要求開放雞籠為滬尾的副港？

二、英國對雞籠煤礦依序採用哪些手段？請排列下列事件的先後順序：事件甲「探勘發現品質佳」、事件乙「船艦開砲想強佔雞籠」、事件丙「天津條約要求開港」、事件丁「要求開採煤礦遭拒」、事件戊「船艦可購買煤炭」。

三、找一找清廷對煤礦開採，先後採取哪兩種不同的態度？原因是什麼？

四、根據文章，你認為下列事件中哪些是一八六九年雞籠港的景象：事件甲「外國船艦可進港停靠並通商」、事件乙「商行販售民間私採的煤炭」、事件丙「商行販售由官方機械化生產的煤炭」、事件丁「煤炭因為減稅所以價格低廉」。請從文中舉例並找出證據，支持你的看法。

五、一八七五年的「基隆」，已經與七十年前的「雞籠」大不相同，因此配置了相當於「廳」的辦公官署。你認為行政調整的原因是什麼？請從前文，舉例證據來支持你的看法。

編號	答案核心	閱讀策略
一	只要回答與煤礦相關的原因即可。如：雞籠產煤礦且品質不錯；或英國輪船可在雞籠就地加煤等等	為什麼（解釋原因）
二	乙→甲→丁→丙→戊	為什麼（排列順序）
三	根據本文可知：清廷先前的態度是禁止開採，原因是當地士紳認為會損害台灣風脈（或稱龍脈），對台灣不利。但後來清廷的態度轉為開放開採，原因是為了供應海防輪船加煤	找一找、為什麼（解釋原因）
四	「事件甲」：是，一八六三年雞籠開港，外國船艦如願在雞籠得到煤炭 「事件乙」：是，一八七〇年解除開採禁令，之前皆為私採 「事件丙」：不是，一八七六年，八斗子成立了第一口由官方經營的煤礦井，為臺灣的機械化採煤開立先鋒 「事件丁」：不是，文章只提到一八七四年沈葆楨來臺，建議煤炭減稅，但並未提及價格低廉	你認為
五	根據文章內容，可以看出當年是因為（海防需要）而調整行政位階，可從（與七十年前只有一名小武官帶幾十個兵把守不可同日而語）找到支持證據 讀者可能也有其他的看法。如認為是因為有（開採煤礦）的需求而調整行政位階，支持證據為（成立官方經營的煤礦，且聘請英國人進行機械開採）；或認為（雞籠開港，需要處理的國際事務增加）之故，支持證據可從（外國輪船入港通商）的敘述看出；或是認為出於（煤炭減稅，貿易量增加）的原因，支持的證據在於（沈葆楨建議煤炭減稅）	你認為

【練習二】

文本類型：評論性

閱讀目標：能檢索與擷取、能統整、能解釋、能省思與評鑑

誰需要達爾文

❶ 今年是達爾文誕生的兩百周年，也是《物種原始》出版的第一百五十周年，應該是人類歷史上一個相當值得重視的年份，這個人和這本書，提供我們觀察理解世界的一個新觀點。這種觀點，達爾文在《物種原始》結束前，最後一句話說得相當委婉：「從如此簡單的開始，最美麗最神奇的無窮盡的（生命）形式，不斷演化出來，此時仍在發生。這種生命觀，有它宏偉壯麗的一面。」

❷ 這是一種什麼樣的生命觀？

❸ 首先，它否定了地球生物源於超自然神力的「創造說」；其次，它指出，所有生命，無論外在形態多麼繁複歧異，卻隱然有個內在聯繫。萬物同源，複雜來自簡單。所以當今生物學研究的共同基礎「生命樹」的觀念，已經出現在達爾文的著作裡面，雖然，他在一八三七年手繪的那個有名的「生命樹」，只有最原始的十幾個枝椏。

❹ 今天，有關「生命樹」的探索，到了什麼程度？

❺ 據報導，美國亞歷桑納大學的生物學家杉德森博士（Dr. Sanderson）正在努力

把人類已知的所有植物的「種」(species),查明它們彼此的血緣關係,全部繪製在一張圖表裡面。這是地球四億五千萬年演化出來的大約五十萬個不同的植物「種」。杉德森和他的同事,利用超級電腦破解無數遺傳數據,據說距成功之期不遠。唯一的問題是,杉德森說:我們有辦法建立這張圖表,卻沒辦法讓你「看見它」!

❻「生命樹」是一種思維方法。達爾文在《物種原始》中如此推論,一個「祖種」演化成不同的形態,分爲各種族裔譜系,就好像大樹的萬千枝葉從一根枝幹發生成長。這樣的思維方法,往往幫助生物學家發現新的演化方式。二〇〇七年,德國卡爾·馮·奧西茲基大學的賓甯達·艾德蒙茲博士(Dr. Bininda-Edmongds)公佈了一株「生命樹」,其中涵蓋了目前已知的所有哺乳動物,共計四千五百個「種」。過去生物學家大多認爲哺乳類的主要譜系,是在六千五百萬年前恐龍絕滅之後,才獲得發展繁榮的機會。藉由「哺乳類生命樹」提供的資訊,再經過對比研究,賓甯達·艾德蒙茲博士的團隊發現,哺乳類動物早在恐龍滅絕之前的幾百萬年就已開始變異演化。美國北卡羅萊納州的國家演化綜合研究中心(National Evolutionary Synthesis Center)的生物學家史提芬·史密斯(Stephen Smith)及其同僚,創造了一株涵蓋一萬三千五百三十三個植物「種」的「生命樹」。研究發現,一向認爲是活化石的蕨類植物,上億年來沒有什麼變化,實際上,它們的演化速度,比部份針葉植物和開花植物還要快得多。

❼現在,這些「生命樹」的圖象還有點大而無當。四千五百種哺乳類動物的資料,變成圖表,需要長寬各兩公尺的螢幕。如果物種數目在百萬以上,這個巨大的「生命

樹」，根本就無法「看」了。這顯然需要電子圖表專家加入奮鬥。專家們的希望是，將來有一天，涵蓋地球全部生命的演化資料，可以濃縮在手機大小的儀器中，隨時隨地調出來使用。就跟遺傳學家的理想一樣，人體的全部DNA圖譜，收進手機大小的儀器，供醫生診斷病情。

❽萬物同源的「生命樹」，無疑是達爾文對人類知識的偉大貢獻，這種生命觀，經過一百五十年，今天仍然指導著我們的基本思維。

❾達爾文的貢獻，還不止此。演化理論裡面的核心部份，「天擇說」，今天仍有強大生命力。

❿所謂「天擇」，達爾文的原文是「natural selection」，按照字面，應譯成「自然選擇」，因爲，達爾文的理論中，自然選擇是沒有目的的，而「天」這個字，很容易與某種超自然的意志混淆，絕對不符合達爾文的想法。

⓫而達爾文這種「萬物同源」、「自然選擇」的生命觀，對今天的我們，究竟有什麼意義？

⓬中國這個民族，是比較急功近利的。達爾文這種「萬物同源」、「天道無親」的生命觀，既不能保證功利，又無法提供救贖，所以，百年來，只能成爲學校教室範圍傳播實用知識的一個媒介，始終無法切入我們中國人對人生和命運的思考，即便在無神論統治了半個世紀以上的大陸，也不例外。所以，誰需要達爾文？只想提醒大家，逐漸富裕起來的海峽兩岸，如今從上到下，無不求神問卜，迷信風水，鑽營來生，這樣的社

會風氣，難道不需要實事求是的科學精神？

摘自劉大任著《閱世如看花》
二〇一一年洪範書店出版

■**本文主要概念**（括弧內的數字，表示在文本中與此概念相關的段落）

▲達爾文（❶）

▲《物種原始》（❶）

▲達爾文的新生命觀：萬物同源、非神創造（❶❷❸）

▲萬物同源：生命樹的研究與成果（❹❺❻❻❼❽）

▲非神創造：天擇與自然選擇（❾❿）

▲達爾文生命觀的現代意義：中國人迷信現象、作者主張（⓫⓬）

■**本文重要內容統整**

統整本文三個生命樹研究現況的訊息：

例子	時間	國家	研究者	生命樹內容
一	未提及	美國	杉德森	含五十萬個植物種

二	二〇〇七年	德國	艾得蒙茲	含四千五百個哺乳動物種
三	未提及	美國	史密斯	含一萬三千五百三十三個植物種

■本文概念圖

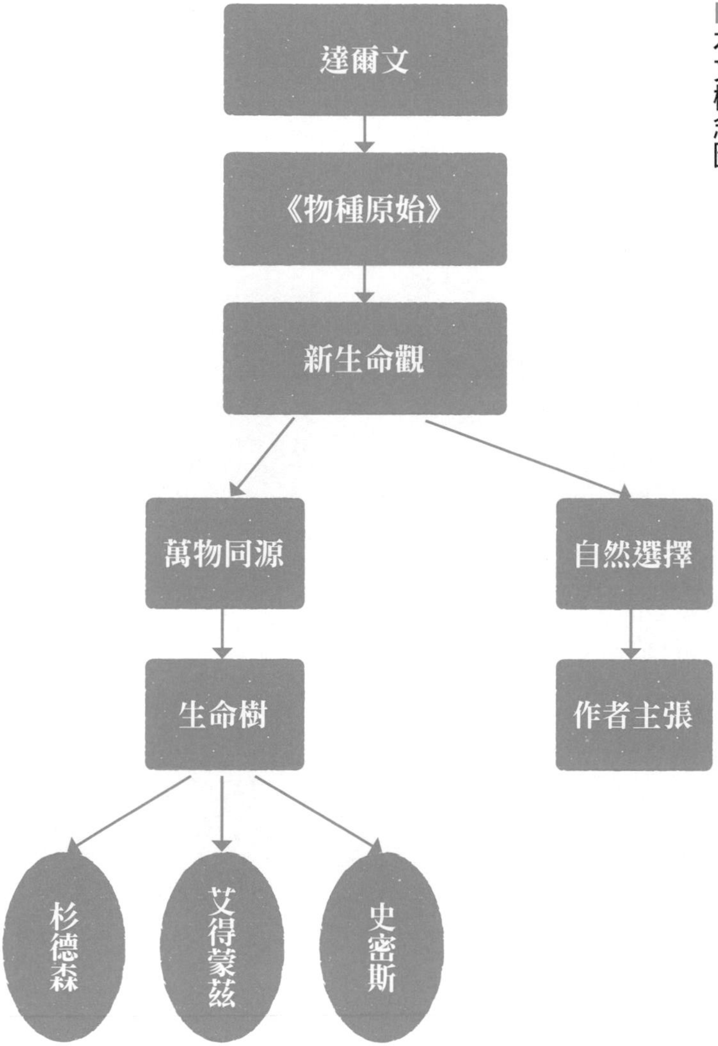

動手來練功

一、解釋達爾文的《物種原始》，提供我們觀察理解、世界的新觀點是什麼？

二、達爾文的「新生命觀」，主要包含哪兩個重要概念？

三、找一找「生命樹」的定義是什麼？

四、解釋「萬物同源」與「生命樹」的關係？

五、解釋艾得蒙茲與史密斯的研究，分「過去誤解」與「提出澄清」兩部分回答。

六、為什麼現代人研究的生命樹圖表，「沒辦法讓你看見它」？

七、詮釋「自然選擇」的涵義是什麼？

八、解釋〈誰需要達爾文〉的標題中，「達爾文」是指哪一種精神？

九、比較相信「求神問卜、迷信風水、鑽營來生」與相信「自然選擇」這二類人，想法有什麼不同？

十、第❷、❹、❾、⓫段的內容都極短，你認為作者這樣做的寫作效果是什麼？並進一步說明理由。

十一、你認為作者對中國人「求神問卜、迷信風水、鑽營來生」，抱持何種態度？並從上文舉例證據，支持你的看法。

一起來討論

編號	答案核心	閱讀策略
一	這個新觀點是指「生命從簡單開始，不斷演化，形成多樣與無窮」	為什麼（解釋概念）
二	從本文來看，「新生命觀」就形式而言是指萬物同源，意謂複雜來自簡單、簡單演化成複雜；就來源來說，則是強調「自然選擇」，否定萬物由神創造的說法	說明主要的（概念）
三	所謂「生命樹」，是指一個「祖種」演化成不同的形態，分為各種族裔譜系，就好像大樹的萬千枝葉從一根枝幹發生成長	找一找（重要訊息）
四	達爾文用生命樹來說明萬物同源的概念。過去生命樹的分支很簡單，但現在生物學研究所建立的生命樹，卻是十分龐大複雜	為什麼（解釋關係）

編號	答案核心	閱讀策略
五	研究者艾得蒙茲對於過去普遍認為「哺乳類在恐龍滅絕後才蓬勃發展」的看法提出反駁，因為在他們的研究發現，恐龍滅絕前幾百萬年已經開始演化 另一位研究者史密斯，則是挑戰過去「蕨類植物上億年來沒有變化」的看法，因為他們的研究團隊發現，有些蕨類植物的演化速度，甚至比針葉或開花植物還快	為什麼（解釋觀點）
六	作者之所以說「沒辦法讓你看見它」，從文中解釋可知是因為目前生命樹的圖像過於巨大	為什麼（解釋因果）
七	根據作者在本文的詮釋，所謂「自然選擇」的涵義是指：生命由簡單而複雜的演化過程中，並沒有進行選擇與淘汰的主宰	為什麼（詮釋詞句）
八	在文章中，作者以「達爾文」指稱一種實事求是的精神	為什麼（解釋觀點）
九	若將「求神問卜、迷信風水、鑽營來生」與「自然選擇」兩者相比較，前者意謂著相信自然界有主宰一切的神，而相信「自然選擇」看法的人，則認為自然界並沒有主宰一切的神	為什麼（比較異同）
十	這幾個內容特別短的段落，我認為是透過一種簡單的內容，提醒讀者文章即將進入一個新重點。透過這樣的指引，會讓我們在閱讀時感覺更加輕鬆容易	你認為（推論形式）
十一	我認為本文作者對於「求神問卜、迷信風水、鑽營來生」是抱持著不以為然的態度。這從他在文末中提倡「中國人需要實事求是的精神」中可一窺端倪	你認為（推論內容）

【進階練功坊】問題設計

文本類型：評論性

閱讀目標：能檢索與擷取、能統整、能解釋、能省思與評鑑

也是城鄉差距

❶「如果你有一棵小樹苗，希望它長得又快又大，你應該把它種在城市裡，還是種在鄉下？」

❷我拿這個問題在校園裡問學生、問老師，在路邊問小攤販，在車站裡問乘客，也問開車的司機，更問了玻璃窗後的售票員。我逛到市場裡問賣菜的、問賣肉的，也問搬運貨物的工人，我逢人必問，在熙攘的人群中，也在遊人稀疏的河堤旁。最後，我問到研究植物的教授與研究生們，他們以爲我在開玩笑，但仍然很客氣地說：「那還用問嗎？」

❸顯然的，我是問了一個笨問題，幾乎所有的答案都說：「當然種在鄉下！」因爲空氣清新、陽光充足？只有一位小學生以腦筋急轉彎的方式回答我：「種在城市裡。因爲鄉下樹太多，沒有人會注意到它！」

❹我非常不滿意上面那個似乎是大家都同意的答案，因爲與我個人的經驗不吻合。十幾年前，中正大學在嘉義民雄的鄉間成立，我們在校園裡種了上萬棵樹，幾乎在

同時，台北的大安森林公園也種了數以千計的樹。那些年我在中正大學教書，偶爾回到台北開會，總是感覺大安公園裡的樹好像長得快一點，也大一些。雖然我也深切知道個人這個城鄉落差的印象並不一定可靠，但多年來這個感覺一直揮之不去。最近一次來回台北、民雄兩地，疑慮越加深刻了，遂一不做二不休，決定自己做個實驗找出答案，解決這個長年干擾我的疑惑。

❺ 我才開始做文獻的搜尋工作，就馬上發現一群在美國俄勒岡州的研究者竟然也關心同樣的問題，而且早已進行了多年的實驗工作。這一群研究者是怎麼做的？他們選擇北美常見的三角葉楊做爲實驗的對象，爲了達到「起始點的平等」，先以基因工程技術，複製許多基因完全相同的種子，培育出小樹苗，並從同一地點挖出了泥土，分裝到一堆大小相同、形狀也一模一樣的桶子裡，最後將相同基因的小樹苗種在桶子裡，一半放在城裡（紐約市）的商業廣場的角落裡，另一半就散佈在幾個鄉下（紐約州的小鎮）同類商業廣場的相同地點。除了空氣之外，盡量使城市和鄉間的生長條件一律平等。每天的澆水量也嚴格控制，並登記風吹、雨打、日曬的時間與數量。在七月種下，九月檢驗成長的情形，連續三年的觀察後，研究者發現城裡的樹確實長得較快、較大，葉子也較繁茂，相差將近一倍。但爲什麼呢?!

❻ 他們仔細分析可能影響生長的各項條件，水量、土壤、品種、病蟲害等都盡量被控制住了，兩邊確實沒有顯著的差異，唯一沒能被控制住的就是空氣的品質，但比對三年來兩地空氣中的十八種污染源，唯一產生顯著差異的只有一種，就是鄉間的臭氧比

城裡高了許多（28ppb:16ppb）。臭氧對於植物的生長具有抑制作用，這在後來的實驗中也一再被證實了，原來城裡的臭氧被其他的污染質給沖淡了，長在城裡的樹木，因減少臭氧的抑制，也長得更高大了。

❼ 所以生命的現象眞的很詭異，尤其現代科技急速進展，使生活環境變得更錯綜複雜，表面的知識常常不很準確，因此，我們對生命的詮釋要更加小心。科學是黑暗裡的一盞明燈，引導我們緩緩前行，唯有科學才能幫我們了解生命，保護生命，進而設計美好的生命！

摘自曾志朗著《人人都是科學人》
二〇〇四年九月遠流出版

■**本文主要概念**（括弧內的數字，表示在文本中與此概念相關的段落）

▲提出問題（❶）
▲尋找答案（❷❸）
▲提出質疑（❹）
▲蒐集資料（❺）
▲實驗分析（❺❻）
▲獲得答案（❻）
▲提出看法（❼）

本文重要內容統整

統整本文有關「三角葉楊」實驗的訊息。

項目	內容
研究地點	美國紐約市與紐約州小鎮的（商業廣場）
研究對象	（三角葉楊）
研究過程	種子↓小樹苗↓（小樹苗種在桶子）↓桶子放在兩地的（商業廣場）
研究分析	生長條件相同處：水量、（土壤）、品種、（病蟲害）、空氣（污染源） 生長條件相異處：（臭氧）含量不同
研究結論	因為城市（臭氧）含量（低），所以樹苗長得較大較快

■本文概念圖

提出問題	小樹苗種在哪裡長得較快？
蒐集答案	生活經驗：城市樹苗長較快
提出質疑	一般人的答案：鄉下長較快
分析實驗	俄勒岡州的研究
蒐集資料	實驗過程與生長條件分析
獲得答案	城市樹苗長得快
提出看法	善用科學保護生命

動手來練功

一、請利用**找一找（重要訊息）**的閱讀策略，設計一個問題。

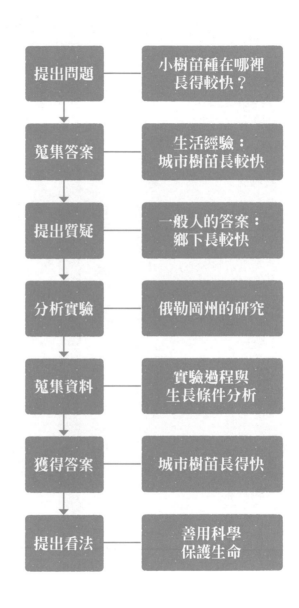

二、請利用**為什麼（解釋原因）**的閱讀策略，設計一個問題。

三、請利用**說出本文主要觀點**的閱讀策略，設計一個問題。

四、請利用**你認為（推論內容訊息）**的閱讀策略，設計一個問題。

一起來討論

編號	問題設計參考	答案核心
一	找一找，若想讓小樹苗長得又快又大，應該種在哪裡？	根據作者經驗與他所找到的研究，種在城市的小樹苗會長得比較快
二	作者為什麼對「小樹苗應該種在鄉下才能長得又快又大」的答案，提出質疑？	因為文中提及「大安公園的樹苗，比中正大學的樹苗長得又快又大」
三	請說出本文作者主要的觀點？	作者的主要觀點就是利用科學發現真相，才能瞭解生命、保護生命
四	你認為「科學是黑暗裡的一盞明燈，引導我們緩緩前行」這句話中，「黑暗」是指什麼？並試著從文章中舉例證據，支持你的看法	文中所指的「黑暗」，其實就是「對生命的詮釋」。因為文章中提及「我們對生命的詮釋要更加小心。」「唯有科學才能幫我們了解生命，保護生命，進而設計美好的生命！」這些都是文章中可以支持的證據

03 文學類文本，如何讀？

大體來分，文學類文本包含了散文、小說與戲劇三種。

「散文」通常形式靈活、題材廣泛、感情真摯、手法多樣、寓意深刻、文字富藝術性。

「小說」則具有人物、對話及情節。人物多由對話、事件處理呈現性格特質，情節應具有衝突與高潮。某些細節描寫往往具有暗示性。

「戲劇」會說明場景、人物對話、人物動作。情節多由人物動作及對話構成，會具有衝突與高潮，某些細節描寫也往往具有暗示性。

進入實際的閱讀歷程後，文學類文本的操作技巧為：

▲檢索與擷取階段：採用「找一找」的閱讀策略。在技巧上，需注意與題目相關的重要訊息。

▲統整階段：可採用「說出主要的」的閱讀策略。在技巧上，「說出主要的」是從重要概念中找出重點；「畫概念圖」則利用組織重要概念的關係繪製。

▲解釋階段：採用「為什麼」、「想一想」的閱讀策略。在技巧上，「為什麼」可透過比較異同、排列順序、解釋因果（關係或觀點）、詮釋詞句（圖文）來解釋；在「想一想」可利用分析寫作的技巧、效果、目的，隱藏的寓意等方式，來分析文本的深層訊息。

▲省思與評鑑階段：採用「你認為」的閱讀策略。是透過「對內容、形式進行推論，並提出合理看法」，深入思考文本訊息。

【練習二】

文本類型：散文

閱讀目標：能檢索與擷取、能統整、能解釋、能省思與評鑑

貼紙秀

❶ 當小番茄被送到幼稚園「託管」後，她的家人像從牢裡放出來的竊賊，個個因重見天日而對未來有了更新的期望——這樣說，聽起來滿冷酷的，好像小番茄的家人巴不得把她送走似的。其實不是，由於小番茄比一般小孩活潑、好動，又對周遭事物保持高度的探險樂趣，長期以來讓家人的精神一直處於緊繃狀態。現在，她每天至少有三個小時不在家，家人可以喘口氣，從容的上美容院做個頭髮啦，逛逛街啦，就算不出門，把家裡清掃乾淨也怪舒服的。而那些在外上班的大人，也不必一進辦公室就接到小番茄的追蹤電話，他們一想到這粒番茄跟他們一樣被「困」在教室安靜的聆聽教誨、不許亂跑亂動，心裡就浮起「嘿嘿，你也有這一天啊！」的竊笑。

❷ 眞是沒有溫暖與同情心的一家人。

❸ 然而，這些大人們也不可救藥的個別陷入幻想。他們痴痴的看著愈長愈漂亮的小番茄，綁著兩條辮子，在桌前整理她的小書包，心中浮現一個博學多識的女教授身影：他們很肯定只要小番茄「好好努力」，她會成爲同代中最優異的學者，年紀輕輕就成爲某領域的「大師級」人物。當他們看到小番茄站在客廳茶几旁畫畫，筆觸生動，用色大膽，洋溢著無法抑制的熱情時，又悄悄幻想她會成爲驚動畫壇的天才畫家，飲譽世界（或稍微謙虛一點，馳名海峽兩岸）。當他們又發現小番茄用繩子穿著電鍋內鍋的兩個小耳洞，斜背在身上，用筷子敲打鍋底「演奏」得有模有樣時，情感豐沛的大人已經預見小番茄優雅的站在國家音樂廳台上展露小提琴家（也許，鼓比較吻合）的丰采，觀眾們如痴如醉，眼中閃著薄薄的淚光……

❹ 「吵死了，我看你以後去送葬樂隊打鼓好了！」某位大人說。他立刻因「羞辱」一位資優兒童而被大老們厲聲喝斥。這個家一向有集體歇斯底里傾向，一旦流行做什麼夢，凡是有人出口牴觸必受到譴責；那陣子「神童夢」做得如火如荼，大老們大概把家鄉及台北有名的寺廟全拜遍了，其中一位大老，還報名進香團，到北港朝天宮許願。

❺ 這個夢沒多久就雲消霧散。娘娘與幼稚園老師密切溝通的結果，發現小番茄在調皮搗蛋的天才要比學習能力更出色。

「老師說你上課跑出去，怎麼回事？」娘娘問。

「我去中班玩呀！」「你們老師在上什麼課？」娘娘想知道爲什麼她小小年紀就會「翹課」？

「唱歌啊——」小番茄答，自己又嘩啦嘩啦用最快速度唱一遍，簡直像絞帶子的錄音機。

❻ 娘娘猜想，像她這麼沒耐心、好動的小孩，對已學會而老師不斷重複的課程一定會失去興趣，難免像一隻花蝴蝶到處串門子，哪裡有趣就到哪裡採蜜。

❼ 可是，這種習慣一旦養成，以後進入教育體制，哪有可能讓你這堂課逛到三年級聽國文，下堂課轉到二年級聽數學，下下堂再回一年級上體育。用脊椎骨想都知道，校長會這麼說：「小番茄，你以爲學校是狄斯奈樂園嗎？要是每個學生都跟你一樣，乾脆到學校看電視，每個人發一個遙控器算了！」

❽ 所以，無奈的娘娘爲了小番茄的將來著想，不得不以哀怨的表情央求小番茄盡量遵守上課規則，別自作主張到處「轉檯」：要是老師講的課你已經會了，覺得很無聊，那……那就在心裡想一想看過的故事啦，或是有趣的事。（接著，利誘之）如果你很乖，娘娘會帶你去墾丁玩，住大飯店哦！

❾ 眞是悲哀，一方面同情小番茄對不喜歡的課程的無趣感，一方面又必須鼓勵她繼續無趣下去。有一個大人建議再觀察一陣，若無法改善，乾脆接回來自己教。

❿ 「誰教？叫媽祖婆教啊？」有人說。的確也是，這個家大人雖多，卻各有各的事業與生涯規劃，哪有可能專職教小番茄學習。最好的辦法還是請小番茄自求多福，學

習摸索解決之道；人生長得很，凡事替她打點好，相對的剝奪她自力更生的能力，以後會變成「軟腳蝦」。所有的人都不希望這個家出現這種海鮮，雖然他們一家老小都是海產迷，在餐桌上。

⓫ 又有新狀況。小番茄遵照娘娘指示，上課時不再串門子了；但她忽左忽右跟小朋友講話，老師在前面「嘩啦嘩啦」，她在中間「吧達吧達」，簡直是師生比「嘴功」嘛！老師不得不制止她：「小番茄，把嘴巴閉起來！」老師說完，又繼續上課了。

⓬ 坐在椅子上的小番茄靈機一動，從書包裡拿出動物貼紙，有眼珠子的那種，一一貼在十根指頭上，自己演起小劇場來了；這根動動，那根動動，一起動動，那些狗啊貓啊兔啊好像活起來，逗樂得很；小番茄樂歪了，吱吱亂笑，前後左右的小朋友嘩的全圍上來看小番茄表演貼紙秀，個個笑得跟潑猴似的。老師臉都綠了。

⓭ 這條罪狀很快被娘娘知道了。

「你不是答應我嗎？為什麼吱吱喳喳劈哩吧啦（數落的話，不必細述）……」

「沒有呀！」小番茄說。

「那，為什麼……老師……小朋友都……沒辦法……上課……」（也不必細述）

這次，小番茄可理直氣壯，她說：「小朋友自己跑來看的啊，我又沒有講話！」

——摘錄自簡媜著《頑童小番茄》
二〇〇五年九歌出版

■ **本文的主要概念**（括弧內的數字，表示在文本中與此概念相關的段落）

▲小番茄上學：家人反應、原因（❶❷❸❹）

▲串門子：行為、家人反應、原因（❺❻❼❽❾❿）

▲貼紙秀：行為、家人反應、小番茄想法（⓫⓬⓭）

■ **本文重要內容統整**

為了描述小番茄表演貼紙秀的情景，作者從小番茄演出的材料、造型特徵、演出方式、演出者與觀眾反應等項目一一描寫。以下用表格統整內容訊息：

項目	材料	造型特徵	演出方式	演出者反應	觀眾反應
貼紙秀內容	貼紙	●有眼珠子 ●動物造型	●貼在手指上 ●手指動一動 ●心裡加入劇情	小番茄樂歪了，吱吱亂笑	小朋友全圍上來看，笑得跟潑猴似的

本文概念圖

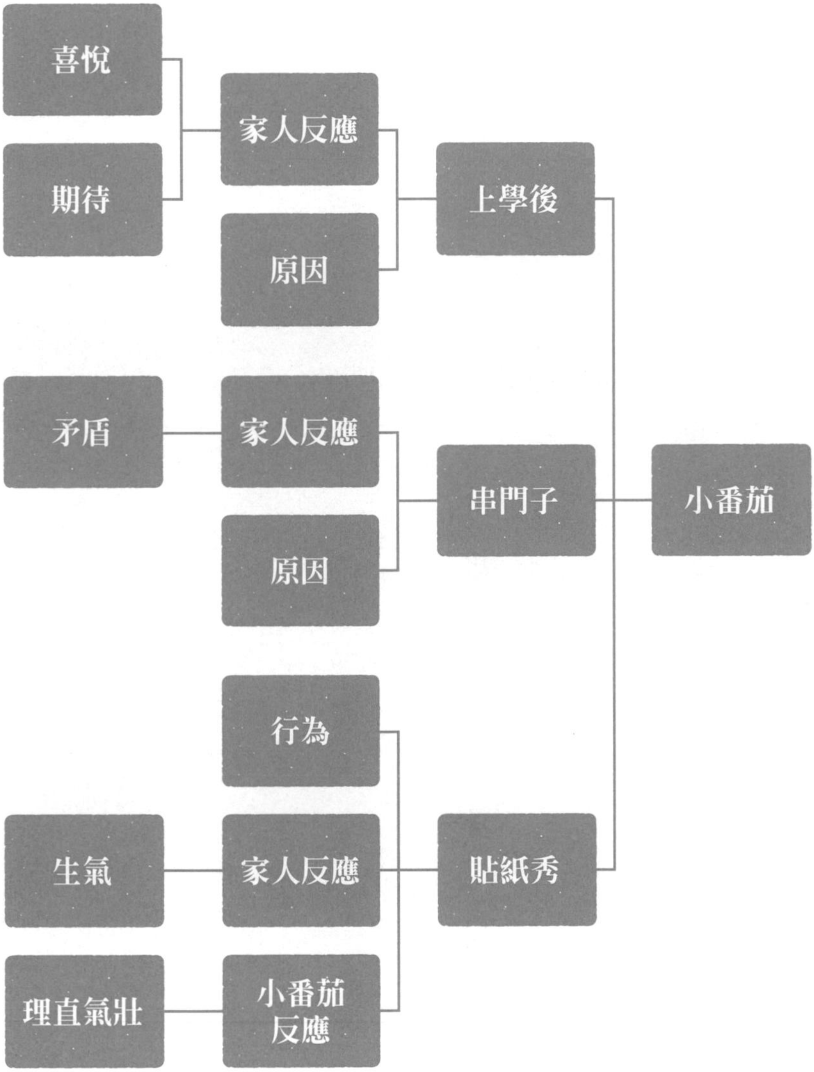

動手來練功

一、說出小番茄上學校後，在學校主要發生的兩件事？

二、你認為家人對小番茄上學的反應是什麼？試從文章舉例證據，支持你的看法。

三、找一找小番茄在段落❶有沒有出現？想一想作者用什麼寫作技巧，讓你對小番茄印象深刻？

四、想一想家人對小番茄的期待，反應台灣家長何種心態？

五、根據段落❻，你認為小番茄是個怎樣的小孩？請用文中證據，支持你的看法。

六、為什麼娘娘會認為學校無趣，又必須鼓勵小番茄留在教室中？

七、小番茄認為自己表演貼紙秀，沒有違背「上課不能說話、不能串門子」的規則，但為什麼老師、家長都很生氣？

八、小民認為上文具有「文字生動幽默」的特質，請你幫助他從文中舉三個例子，支持他的看法。

九、這篇介紹小番茄的文章中，先是介紹小番茄行為，利用家人的重見天日「烘托」她的活潑好動；之後利用「對話」，說明串門子的原委；最後利用「細節描寫」說明貼紙秀的過程。想一想這樣的安排，能產生何種寫作效果？

一起來討論

編號	答案核心	閱讀策略
一	本文最主要是敘述小番茄在進入幼稚園之後，發生的「串門子」與「貼紙秀」兩個事件	說出主要的（事件）
二	從這篇文章中，提到家人對小番茄上學的反應是鬆了一口氣，甚至有點「幸災樂禍」的味道。以下兩段敘述可為例證： ——當小番茄被送到幼稚園「託管」後，她的家人像從牢裡放出來的竊賊，個個因重見天日而對未來有了更新的期望 ——心裡就浮起「嘿嘿，你也有這一天啊！」的竊笑	你認為
三	第一段中並沒有直接出現小番茄本身的行為，而是透過別人的反應，暗寫小番茄的活潑好動，這是「烘托」的寫作技巧	找一找（重要訊息） 想一想（寫作技巧）

編號	答案核心	閱讀策略
四	從這篇文章中，我們似乎可隱隱感受到台灣家長普遍抱持的心態如： ——望子成龍，望女成鳳 ——成就的定義都是外在的聲名，而不是內在的幸福快樂 ——不重視努力過程，只想不勞而獲的心態，如大老遠的進香拜拜行為 ——希望孩子實現家長的價值觀，不在乎孩子的價值觀	想一想（寓藏現象）
五	根據段落❻，我認為小番茄是個凡事不在乎，有著大剌剌個性的小孩 比方說文中「我去中班玩呀！」「『唱歌啊——』小番茄答，自己又嘩啦嘩啦用最快速度唱一遍，簡直像絞帶子的錄音機。」等敘述，就是很好的例子	你認為（推論內容）
六	因為娘娘知道，教育體制無法改變，放任小番茄四處串門子，校長必會訓斥；家人因為各有生涯規劃，也不可能在家親自教導小番茄；再從小番茄的個人成長來看，娘娘也不希望她變成沒有生活能力的軟腳蝦，因此即使知道學校無趣，仍然鼓勵小番茄留在教室中	為什麼（解釋因果）
七	小番茄雖然沒有違背「上課不能說話、不能串門子」的規則，但是妨礙老師上課、讓同學不能專心上課，所以老師、家長都很生氣	為什麼（解釋因果）
八	以下三段句子，都具有「文字生動幽默」的特質： ——這根動動，那根動動，一起動動，那些狗啊貓啊兔啊好像活起來，逗樂得很；小番茄樂歪了，吱吱亂笑，前後左右的小朋友嘩的全圍上來看小番茄表演貼紙秀，個個笑得跟潑猴似的 ——像她這麼沒耐心、好動的小孩，對已學會而老師不斷重複的課程一定會失去興趣，難免像一隻花蝴蝶到處串門子，哪裡有趣就到哪裡採蜜 ——他們一想到這粒番茄跟他們一樣被「困」在教室安靜的聆聽教誨、不許亂跑亂動，心裡就浮起「嘿嘿，你也有這一天啊！」的竊笑	你認為
九	本文對小番茄的描寫由模糊而逐漸清晰，最後聚焦在「貼紙秀」，讓貼紙秀的表演成為小番茄行為的焦點。這樣的安排，能產生「由淡轉濃，聚焦一點」的戲劇張力	想一想（寫作效果）

【練習二】

文本類型：小說

閱讀目標：能檢索與擷取、能統整、能解釋、能省思與評鑑

麵包的祕密

❶ 這是一間看起來很有質感的麵包舖子，裝潢得很溫馨。顧客進門時，會先經過店面門口的三級石階，一推開門，掛在門緣邊的鈴鐺就會啷啷作響。今年芳齡四十的瑪莎小姐，是這間店面的老闆娘。她是個心思細密，溫柔多情的女人。

❷ 近來幾個星期，有一個中年男子就特別吸引了瑪莎的注意。他每個星期都會光顧三次，每次總在固定的時間裡出現。他很有氣質，戴著眼鏡，留著修剪得很整齊的棕色鬍子，開口說話就流露出濃濃的德國腔英語。雖然，他穿的衣服上有些地方是磨破了縫補的，再不然就是皺成一團，不過，總的來說，他看來仍十分舒服，而且很有禮貌。他老是會買兩個隔夜麵包。新鮮的麵包一個五分錢，但同樣的價錢卻可以買兩個隔夜麵包。除了隔夜麵包以外，他從來沒有買過其他東西。瑪莎每天看著他來又目送他走，對他產生了興趣。她常在心裡想，這個男人，實際上到底是不是如同他的外表呢？他從事什麼職業呢？

❸ 有一天，瑪莎看見他的手指上出現一塊紅褐色的污漬，她立刻直覺地認爲這個男人肯定是個藝術家。當然，絕對是貧窮的那一種。瑪莎猜想，他應該是住在閣樓裡吧，

在那裡作畫，沒錢吃大餐，就只好啃啃隔夜麵包。每次來麵包店裡呆瞪著其他新鮮好吃的麵包，最後卻僅能選擇便宜貨。

❹ 爲了證實自己的推測，她決定付諸行動。她把以前買來的一幅畫給找了出來，掛在櫃檯後面的牆壁上。兩天以後，那個男人出現了。「麻煩您，兩個隔夜麵包。」他一如往常，客氣地對瑪莎說。瑪莎拿麵包的時候，心思其實還停留在男人的身上。她想知道，男人究竟會不會注意到櫃檯後的那幅畫。男人果然開口了。「小姐，你這幅畫很不錯。整個筆觸呈現出一種新風格。」「你眞的覺得這畫還不賴嗎？」瑪莎問。「嗯。不過如果宮殿再加強一點，透視法用得眞實一點會更好。」瑪莎將麵包交給男人以後，男人便道謝離開了。

❺ 瑪莎開始陶醉地回想，男人眼鏡後所散發的目光可眞是溫柔啊！而且，他的額頭長得很好，寬闊有型。最重要的是他那麼專業，居然一眼就可以判斷透視法的好壞。可惜，這個有才華的人卻只能靠隔夜麵包溫飽。不過話說回來，所有天才在成名以前，都必須這樣奮鬥的吧。

❻ 漸漸的，就從那幅畫打開了話匣子之後，男人來買麵包時，他們開始會隔著櫃檯小聊一會兒。雖然沒談什麼，但都是美好的經驗。瑪莎感覺男人似乎也很渴望跟她聊天。後來，在男人沒有來的時候，瑪莎就會開始準備明天要跟他聊些什麼話題。她開始更注重自己的穿著打扮，只要男人那一天會來，她就會穿起自己最滿意的那件藍絲綢背心。她甚至還熬起美容湯汁，覺得自己除了多情，外表也應該更美麗，才能與藝術家匹

配。一段日子過去了，一直觀察男人的瑪莎感覺到他彷彿愈來愈瘦了。他還是一直買隔夜麵包，從沒買過店裡其他可口的甜點。瑪莎很想送他幾塊新鮮的蛋糕或麵包，但又覺得這麼做，似乎會很傷一個男人的自尊心，況且他一定還有著藝術家的骨氣，所以，她只好打消念頭。該用什麼方法可以讓他多吃一點、吃好一點呢？這個問題成爲了瑪莎生活上的重心。有一天，男人來買麵包時，忽然有一輛救火車嗡嗡經過，停在對街轉角。他原本站在櫃檯前面的，好奇地跑到店門口張望外頭。就在這個時候，瑪莎忽然靈機一動。她拿起麵包刀，從櫃檯後面最低的一層架子裡，挖來兩坨新鮮的奶油，很快地塞進男人準備購買的麵包裡。

❼ 等那男人回過頭來時，瑪莎已經把兩塊麵包用紙袋給包起來了。他們愉快地聊了幾句以後，男人便離開了麵包店。可是，瑪莎卻在他走了以後，開始擔心起來。她開始懷疑，自己那麼做是對的嗎？畢竟太大膽了些吧。他會不會不開心呢？最後，瑪莎的結論是，男人會喜歡她的巧思的。一定的。她不斷地說服自己相信。

❽ 沒有過多久，掛在門上的鈴鐺響起來。有兩個人喧喧嚷嚷地走進來。

❾ 瑪莎一看，其中一個男人是叼著煙斗的年輕人，而另外一個竟然就是她心目中的那位藝術家。她很緊張，她不敢相信一天之內可以見到他兩次。不過，她對藝術家的情緒還沒有得到足夠的平復時，藝術家身旁的那個男人就氣沖沖地走向瑪莎面前。他漲紅了臉，握起拳頭，然後又狠狠地抓住瑪莎。他氣憤地猛力搖晃瑪莎，把瑪莎晃得幾乎昏頭了。「你這個女人！你這笨女人！天殺的！」那男人根本失去了理智。瑪莎心中的

藝術家見狀，努力想將他拉開。「別這樣。算了！我們走吧！」「我不走！我非跟她算清楚這筆帳！」叼著煙斗的男人，兩隻眼睛簡直要噴出火來了。他轉向瑪莎說：「我告訴你，你把我害慘啦！」瑪莎虛弱地倒在貨架上，不知道到底發生了什麼事。那個瑪莎心目中的藝術家費了一番氣力，才終於把那個暴跳如雷的男人給架出門外。他將他帶到門外以後，自己又走進來。瑪莎吃力地站起來，仍然感覺昏頭轉向。她看著他走過來，覺得自己很狼狽，再也無法在他面前保持美麗優雅的樣子了。

⑩「小姐，」男人開口說：「我想我應該跟你解釋清楚。首先，我要代剛剛那個男人向你道歉。那個男人是個建築設計師，我在他的工作室裡替他工作。常常，我都會替他來你這裡買隔夜麵包。因爲，設計師都知道，用隔夜麵包來擦拭掉草圖的鉛筆稿，效果比橡皮擦來得好。」瑪莎不發一語地聽著，臉上沒有表情。男人則繼續說：「可是，今天，嗯，我不知道爲什麼，麵包裡竟然出現幾塊奶油。他的設計稿當場一擦，全變成了廢紙，現在大概只能用來包三明治了吧。」男人說完，搖搖頭嘆口氣，沒有再理會瑪莎就離開了。

⑪瑪莎仍佇立在原地，過了很久才回神。她默然地走進廚房，脫下那件藍絲綢背心。轉了身看見爐台上還烹調著那鍋美容湯汁時，她顯得有些不知所措，甚至是覺得有些困窘的。最後，她把那鍋湯汁拿起來，推開窗，全倒在了窗外的草坪上。不一會兒，那些倒在草地上的湯汁就被土壤吸乾了，像是從來沒有發生過這件事情一樣。

摘自《最後一葉——奧亨利故事集》

作者奧亨利，譯者張曼娟，二〇〇二年麥田出版

■本文主要概念（括弧內的數字，表示在文本中與此概念相關的段落）

▲瑪莎觀察一位客人（❶❷）

▲瑪莎推斷客人是藝術家（❸❹）

▲瑪莎陷入愛情幻想（❺❻）

▲瑪莎用奶油幫助藝術家（❼❽）

▲男人憤怒責備瑪莎（❾❿）

▲瑪莎結束愛情幻想（⓫）

■本文重要內容統整

瑪莎所觀察的中年男子，相關訊息包括：

每週出現次數	臉部特徵	交談語言	職業	購買物品	購買目的
三次	留鬍子 戴眼鏡	英語	建築設計師的助理	隔夜麵包	讓建築設計師擦拭鉛筆稿的草圖

本文概念圖

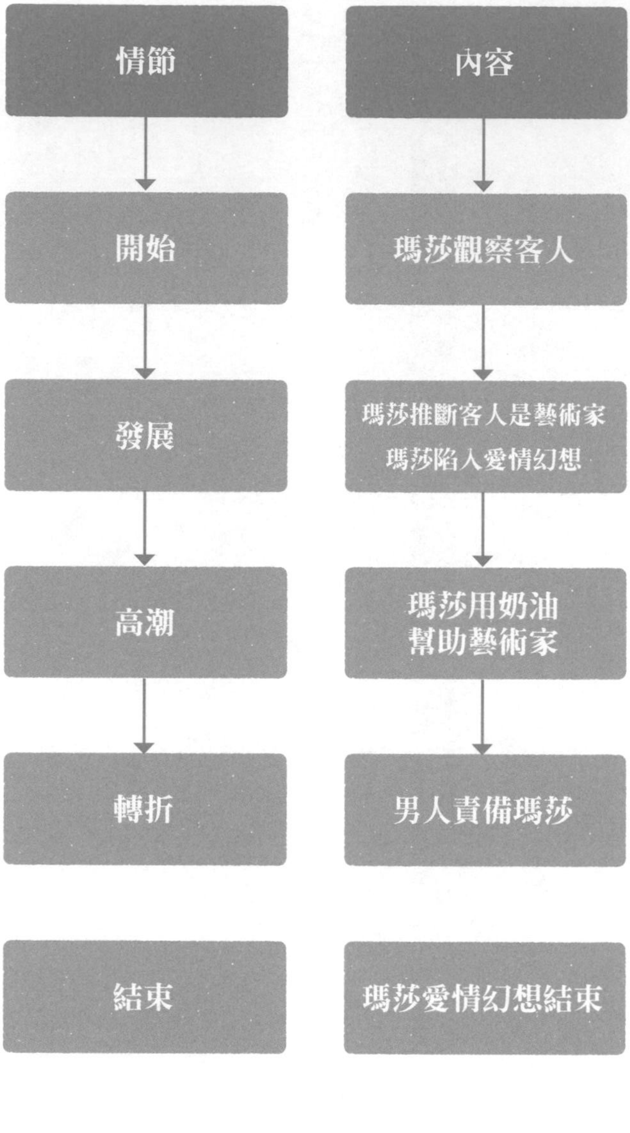
情節
內容
開始
瑪莎觀察客人
發展
瑪莎推斷客人是藝術家
瑪莎陷入愛情幻想
高潮
瑪莎用奶油
幫助藝術家
轉折
男人責備瑪莎
結束
瑪莎愛情幻想結束

動手來練功

一、作者說瑪莎心思細密，請從段落❷例舉證據，支持他的看法。

二、為什麼瑪莎猜想中年男人是貧窮的藝術家？

三、為什麼你知道瑪莎沈浸在戀愛的幻想之中？

四、根據段落❿所發生的事件順序，請依序標出瑪莎的反應：事件甲「吃力的站起來仍感覺昏頭轉向」、事件乙「一天看到兩次藝術家，緊張興奮」、事件丙「被晃得昏頭轉向」、事件丁「虛弱的倒在貨架上」。

五、想一想作者利用哪些伏筆，暗示奶油可能會釀成災禍？

六、想一想，作者最後說：「不一會兒，那些倒在草地上的湯汁就被土壤吸乾了，像是從來沒有發生過這件事情一樣」。這樣的結尾有什麼特色？

七、評論家認為奧亨利所寫的小說，具有「結局出人意表的戲劇性」。想一想本文結局如何在合理之中，創造出人意表的戲劇性？

一起來討論

編號	答案核心	閱讀策略
一	從段落中，可展現瑪莎心思細密的敘述包括 ——仔細觀察注意客人每週出現三次，且都在固定時間 ——鬍子是棕色修剪的很整齊 ——英語流露濃濃的德國腔 ——只買隔夜麵包	你認為
二	因為瑪莎看到中年男人手指有紅褐色污漬，因此猜想他是個藝術家；加上每次來店裡都只買價格只有半價的隔夜麵包，因此推測男人的經濟狀況並不好	為什麼（解釋因果）
三	從以下的文章敘述，包括：「感覺小聊是種美好的經驗」、「感覺男人也渴望跟她聊天」、「準備聊天話題、注重穿著打扮」、「穿藍絲綢背心」以及「熬美容湯」等，都讓我們知道瑪莎沉浸在戀愛的幻想中	為什麼（解釋因果）
四	乙→丙→丁→甲	為什麼（排列順序）
五	從文中可看出的伏筆文字，包括「救火車嗡嗡經過」、「藝術家離開後，瑪莎開始擔心這樣做對不對，最後不斷說服自己男人會喜歡她的巧思」等，這些似乎都暗示讀者情節可能會產生波折	想一想（寫作技巧）
六	湯汁是瑪莎用來美容，讓外表的美麗能與藝術家的專業匹配。現在發現藝術家只是年輕建築設計師的助手，既然男人不是藝術家，瑪莎自然也不再需要美容湯。最後作者淡淡的用傾倒美容湯及美容湯被土壤吸乾，暗示瑪莎默默的、不留痕跡的結束了這份愛情幻想	想一想（寫作技巧）
七	當瑪莎開始進入愛情幻想，大家都期待奶油事件會朝著美好浪漫的情節發展。而用麵包來擦拭鉛筆稿，似乎也在情理之中，卻沒想到竟然釀成巨禍，這樣的結局讓讀者感到錯愕	想一想（寫作技巧）

【練習三】

文本類型：戲劇

閱讀目標：能檢索與擷取、能統整、能解釋、能省思與評鑑

捕鼠器　第一幕．第一景

景：蒙克斯維爾莊園的大廳堂。傍晚時分。

◎此莊園看來稱不上古色古香，倒像某個沒落家族住過了幾代。後牆中央設有高大的窗子；右後方有一拱門，通往過道、前門以及廚房；左後方另一拱門通往樓上臥室，左後方樓梯通往書房，左前方有一門通往客房；右前方有一門（開在舞台上）通往餐廳。右邊有一口敞開的壁爐，後牆窗下設有窗座和一台暖氣機。

◎廳堂陳設幾件美好的古老橡木家具，包括一張長餐桌，一個橡木櫃子，以及一張凳子。窗簾和右前方的小型維多利亞式靠背椅陳舊而古老。左方有一個帶寫字台的書架，上置收音機與電話。壁爐邊置一籃，存放報章雜誌。沙發放在中間偏左，沙發後方有一個半圓型小桌。檯燈擺在小桌上。

幕未啓前。劇場燈光漸暗至完全黑暗，同時響起〈三隻瞎眼老鼠〉的音樂聲。

▲當幕啓時，舞台一片黝暗。音樂聲消失，響起的是同一曲調〈三隻瞎眼老鼠〉的尖銳口哨聲。先聽到一女子的尖叫聲，再聽到男女混雜的說話聲：「天啊，怎麼回事？」「往那邊走了！」「哦，天啊！」然後警笛聲起，接著又是警笛聲，最後所有的

聲音歸於寂靜。

※收音機廣播聲：……根據倫敦警察廳報導，此一罪行發生在柏丁頓區，斑鳩街二十四號。

燈光亮起，照著蒙克斯維爾莊園的廳堂。

※收音機廣播聲：被殺的女子名叫摩琳．賴洪。警方偵辦這起兇案，正積極約談附近一名男子。他身穿深色大衣，圍淺色圍巾，戴軟氈帽。

（莫莉從右後方拱門入場）

※收音機廣播聲：駕駛請注意結冰的道路。預料大雪還會繼續的下，全國會到處結冰，尤其是蘇格蘭北部海岬及東北岸。（莫莉關掉收音機）

莫莉：哦！眞冷。

（莫莉匆匆忙忙自左方樓梯出場）

（賈爾斯自右前門進場）

賈爾斯：莫莉？莫莉？莫莉？妳在那兒？

（莫莉從左方拱門進入）

莫莉：你買到雞網了嗎？

賈爾斯：找到一種但不合用。我到另外一家，還是找不到合適的，眞是一天都浪費了。老天，我凍得半死，車子滑來滑去，雪下得好大。妳猜我們明天會不會被雪封了？

莫莉：哦親愛的，最好不要。

賈爾斯：一切都準備好了嗎？我猜，還沒有人到是嗎？

莫莉：沒有，謝天謝地。我想一切已安排就緒。現在可能有人隨時來到。

賈爾斯：所有的房間妳都分配好了嗎？

莫莉：好了。博約爾太太，四柱床前室。麥提卡夫少校，藍室。凱絲維爾小姐，東室。伍倫先生，橡木室。

賈爾斯：不知道他們是什麼樣子的人，我們要不要他們預付房租呢？

莫莉：哦，不要，我想不必。

賈爾斯：他們說不定會耍花樣欺騙我們。

莫莉：他們帶著行李。假如他們不付錢，我們扣留他們的行李。這還不簡單。

賈爾斯：我們應該選讀有關旅館管理的課程，才有辦法對付他們。他們的行李也許是用報紙包的磚頭，那我們要怎麼辦？

莫莉：他們的信都來自很好的地址。

賈爾斯：僕人寫假的保證書常寫這種地址。這些人裡面也許有躲避警察的罪犯。

莫莉：我不管他們是什麼人，只要每周付我們七個金幣就好。

（賈爾斯從右後方拱門退下，莫莉打開收音機）

※收音機廣播聲：根據倫敦警察廳報導，此一罪行發生在柏丁頓區，斑鳩街二十四號。被謀殺的女子是摩琳·賴洪。有關這件謀殺，警察——

※收音機廣播聲：警察急於會見在附近的一個男人，身穿著深色大衣——

（莫莉拿起賈爾斯的大衣。）

※收音機廣播聲：——圍著淺色圍巾——

（莫莉拿起他的圍巾。）

※收音機廣播聲：——又戴著一頂軟氈帽。

（莫莉拿起他的帽子退下。）

※收音機廣播聲：駕駛務必留意冰封的道路。

——本文摘錄改寫自阿嘉莎．克莉絲蒂《捕鼠器》

二〇〇六年商務出版

■本文主要概念

▲舞台訊息——通道、擺設、幕未啟音樂、幕啟燈暗

▲收音機播報內容

▲莫莉與賈爾斯對話

▲莫莉懷疑賈爾斯

■本文重要內容統整

兇殺案內容			天氣播報
地點	死者	警察想會面男人的特徵	未來天氣
柏丁頓區，斑鳩街二十四號	摩琳．賴洪	深色大衣，圍淺色圍巾，戴軟氈帽的男子	大雪還會繼續的下，全國會到處結冰，尤其是蘇格蘭北部海岬及東北岸

■本文概念圖

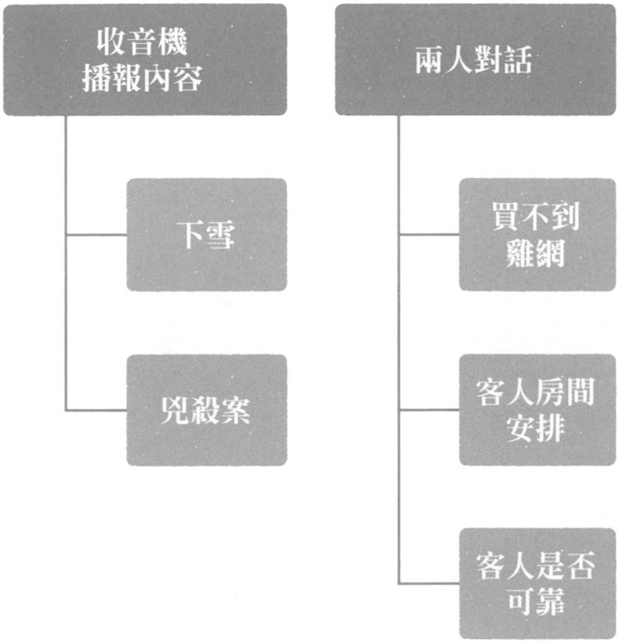

動手來練功

一、找一找收音機放在哪個位置？

二、找一找「幕未啟時」舞台響起的音樂聲是什麼？

三、多數劇作都是幕啟後燈光亮，但作者在舞台上卻安排了「幕啟燈暗」（即▲段落）的特殊表現手法。想一想，這種表現手法想暗示讀者，這部分情節有什麼特色？

四、找一找▲段落，提供了什麼聲音訊息？

五、根據▲段落中「聲音訊息」的線索，解釋現場發生了什麼事？

六、說出莫莉與賈爾斯談話的主要內容。

七、想一想，為什麼莫莉根據收音機廣播的描述，依序拿起賈爾斯的衣物？

八、想一想本段戲劇，在形式的安排上有什麼巧思？

九、你認為賈爾斯是個怎樣的人？從文中列舉證據支持你的看法。

一起來討論

編號	答案核心	閱讀策略
一	收音機放在左方一個帶寫字台的書架上	找一找（重要訊息）
二	三隻瞎眼老鼠的音樂	找一找（重要訊息）
三	說明戲劇已經正式開始。但此時所上演的情節，是發生在與舞台佈景不同的時空，而且這個時空並不是這幕戲主要的場景，所以用燈光黑暗做為區隔	想一想（寓意）
四	舞台上出現的聲音，包括了有口哨聲、女子尖叫聲、男女混雜的說話聲、警笛聲等	找一找（重要訊息）
五	兇手先吹〈三隻瞎眼老鼠〉的尖銳口哨，再殺人，案發後兇手逃逸，現場有人目睹兇手逃逸並報警，警察很快來到現場	為什麼（解釋概念）
六	賈爾斯抱怨買不到雞網，莫莉說已經安排好四位客人的房間，兩人又討論要不要預收房租	說出主要的（內容）
七	莫莉懷疑警方想會面的男人是否為賈爾斯，因為他的穿著衣物正好與廣播的描述相同	想一想（動作暗示）

編號	答案核心	閱讀策略
八	這段戲劇利用收音機的廣播內容，巧妙安排蒙克斯維爾莊園與兇殺案的關聯性。而警方想會面男子的特徵，是英國男士的日常裝扮，這個特徵讓每個人都有可能成為嫌疑犯，製造情節的懸疑性	想一想（戲劇技巧）
九	我認為賈爾斯是個謹慎小心、處事周密的人，支持的證據包括了：到處找合用的雞網、擔心房客欺騙、建議預收房租、擔心行李可能裝磚頭、地址可能造假等	你認為

【進階練功坊】問題設計

文本類型：小說

閱讀目標：能檢索與擷取、能統整、能解釋、能省思與評鑑

雨錢

❶ 濱州一秀才，讀書齋中。有款門者，啓視，則皤然一翁，形貌甚古。延之入，請問姓氏。翁自言：「養眞，姓胡，實乃狐仙。慕君高雅，願共晨夕。」

❷ 秀才故曠達，亦不爲怪。遂與評駁今古。翁殊博洽，鏤花雕繢，粲於牙齒；時抽經義，則名理湛深，尤覺非意所及。秀才驚服，留之甚久。

❸ 一日，密祈翁曰：「君愛我良厚。顧我貧若此，君但一舉手，金錢宜可立致。何不小周給？」翁嘿然，似不以爲可。少間，笑曰：「此大易事。但須得十數錢作母。」秀才如其請。翁乃與共入密室中，禹步作咒。俄頃，錢有數十百萬，從梁間鏘鏘而下，勢如驟雨，轉瞬沒膝；拔足而立，又沒踝。廣丈之舍，深約三四尺已來。乃顧語秀才：「頗厭君意否？」曰：「足矣。」翁一揮，錢即畫然而止。乃相與扃户出。秀才竊喜，自謂暴富。頃之，入室取用，則滿室阿堵物，皆爲烏有，惟母錢十餘枚，寥寥尚在。

❹ 秀才失望，盛氣向翁，頗懟其誑。翁怒曰：「我本與君文字交，不謀與君作賊！便如秀才意，只合尋梁上君交好得，老夫不能承命！」遂拂衣去。

——摘錄自蒲松齡《聊齋誌異》

■本文的主要概念（括弧內的數字，表示在文本中與此概念相關的段落）

▲開始：狐仙請求共讀（❶）

▲發展：秀才佩服狐仙學養，秀才請狐仙施法變錢（❷❸）

▲高潮：狐仙施法及雨錢（❸）

▲轉折：錢消失，兩人交惡（❸）

▲結束：狐仙離去（❹）

■本文重要內容統整

狐仙的相關資料包括：

有關狐仙的敘述	內容解釋
外貌	外表很古意（老實）、滿頭（白髮）
姓名	（胡養真）
拜訪秀才的原因	想一起研究（學問）
學問	比秀才（好）
特殊能力	有法術，能把一點錢變成（很多）錢
品格	高尚，只想研究（學問），不想當（小偷）偷（錢）

本文概念圖

情節	內容
開始	狐仙請求共讀
發展一	狐仙學養較佳
發展二	秀才請狐仙施法變錢
高潮	狐仙施法及下雨錢
轉折（衝突）	錢消失，兩人交惡
結束	狐仙離去

動手來練功

請根據以下所提示的閱讀策略，練習設計七個試題。

一、請利用**說出主要**人物的閱讀策略，設計一個問題。

二、請利用**為什麼（解釋因果）**的閱讀策略，設計一個問題。

三、請利用**為什麼（解釋細節）**的閱讀策略，設計一個問題。

四、請利用**為什麼（排列順序）**的閱讀策略，設計一個問題。

五、請利用**為什麼（詮釋語詞）**的閱讀策略，設計一個問題。

六、請利用**為什麼（解釋因果）**的閱讀策略，設計一個問題。

七、請利用**你認為（推論內容訊息、舉例說明）**的閱讀策略，設計一個問題。

一起來討論

編號	問題設計參考	答案核心
一	說出故事主要的兩個人物？	秀才與狐仙
二	在文章的第二段中，秀才為什麼願意一直和狐仙研究學問？	狐仙評論古今或剖析經義，都比秀才高明許多

三	一日，密祈翁曰：「君愛我良厚。顧我貧若此，君但一舉手，金錢宜可立致。何不小周給？」在這段敘述中，作者運用了哪兩個語詞，描寫秀才求錢時有點「難為情」的神態？	密祈 小周給
四	請根據下列事件發生的先後順序，依序排列狐仙施法變錢過程：事件甲「念咒語」、事件乙「求母錢」、事件丙「錢從梁柱掉下來」、事件丁「入密室」、事件戊「錢深三四尺」、事件己「錢淹沒膝蓋」	乙→丁→甲→丙→己→戊
五	根據文章內容，說出下列文句中，秀才的內心情緒？ 「請狐仙變出小錢」 「錢深三、四尺」 「自己擁有很多錢」 「滿屋只剩下母錢」 「責備狐仙欺騙他」	請狐仙變出小錢（難為情） 錢深三、四尺（非常滿意） 自己擁有很多錢（暗喜） 滿屋只剩下母錢（失望） 責備狐仙欺騙他（憤怒）
六	為什麼狐仙拂袖而去？	「秀才不應該有不勞而獲的心態」、「不勞而獲的金錢猶如偷竊，但狐仙不想做偷錢的勾當」
七	讀完全文，小安發表他的看法：我認為作者想藉秀才的行為，諷刺讀書人「不能安貧樂道，專心研究學問，只想如何致富，讓自己過好日子」的心態。請你幫他從文中舉出證據，支持他的看法。	「請求狐仙施法變一點錢改善他的生活」、「狐仙變錢時，一直等狐仙問夠不夠之後，才同意停止」、「狐仙變完錢，立刻想拿出錢來花用」、「發現法術錢消失後，竟然責備狐仙欺騙他，但其實母錢還存在」等。

小結

進行了這麼多「有效閱讀」的練習後，你是不是已經逐漸進入狀況？如果還不熟練，請不要擔心，慢慢來，先熟練流程的每一個步驟，再繼續往前進。現在再把「有效閱讀」的流程複習一遍：

▲**第一步：檢索與擷取**，先瀏覽全文，找出文本重要的訊息。

▲**第二步：統整**，根據文本重要的訊息，統整說出主要概念。再找出主要概念的相關概念，利用概念圖或情節脈絡圖，組織主要與相關概念。

▲**第三步：解釋**，對主要與相關概念，進行「表層訊息的解釋」，解釋時可善用解釋因果、關係、觀點，排列順序，比較異同，詮釋詞句、圖文等閱讀技巧。接著進行「深層訊息的分析」，分析時可善用分析寫作目的、技巧、效果、寓意等閱讀技巧。若訊息過於瑣碎，可以透過表格進行梳理，先梳理表面訊息，再梳理較深入的訊息。

▲**第四步：省思與評鑑**，對全文的內容、形式，提出合理的看法，並提出支持看法的證據或理由。

第 3 章

有效閱讀，怎麼教？

當老師自己學會以學習地圖、操作步驟、閱讀技巧，進行文本的有效閱讀後，接下來一定會希望能將閱讀過程中的收穫，回饋給學生。過去老師回饋給學生的方法，就是努力的將自己個人的閱讀心得與收穫全部說出來，期待學生能夠吸收。然而根據課後評量的結果，我們發現整堂課都使用「老師講，學生聽」的方式，學生的學習效果最差。

因此，為了協助學生進行更有效的學習，建議老師能兼採其他教學策略。在這一章，將以課程地圖、非選擇題型式的建構式學習單、學習鷹架為核心，提供老師如何將個人的有效閱讀，轉移成學生的有效學習。

老師進行有效的閱讀教學，至少應包括以下目標：

- 協助學生發展閱讀策略，提升學生的閱讀能力。
- 學生能自行應用閱讀策略，自我提問。
- 發現學生的學習困難。
- 利用學習鷹架，協助學生澄清與深化學習。

這些目標在傳統的國語文課堂教學中，並不容易實踐，因為傳統教法存有缺乏教學效率的要素，可用表❶略加說明：

表❶為何傳統的課堂教學缺乏效率？

傳統教法的特質

1. 課程設計：每一課重複相同的課程活動設計
2. 教學重點：語詞以形音、注釋為主，句子以分析修辭、句法為主，段落以摘要重點為主
3. 教學方法：老師單方面傳授
4. 評量方式：填寫測驗卷

傳統教法的不足

1. 無法呈現具體教學目標
2. 無法呈現教材的特質
3. 無法有效提升學生的閱讀能力
4. 無法具體瞭解學生的學習困難

而真正有效的教學，應包括以下幾個特質：

- 進入課堂教學前，老師要先建立規劃分階閱讀能力重點的課程地圖。
- 根據教材特質及課程地圖，規劃以閱讀策略為核心的學習目標。
- 學生能利用學習策略，自我提問，主動進行閱讀理解。
- 根據學習目標，設計建構式學習單，瞭解同學的學習困難。
- 根據同學的學習困難，進行學習鷹架的課程活動設計。
- 課程活動設計，能善用提問技巧及小組討論，協助同學釐清概念，深度理解，並活絡課堂學習氣氛。
- 對於評量或作業，能採用多元開放的型態，協助同學增進學習信心，發揮學習潛能，進而獲得適性發展。

以下將針對有效教學中最重要的三個概念：課程地圖、建構式學習單、學習鷹架進行更詳細的探討。

壹 循序漸進，規劃課程地圖

01 用課程地圖，教出閱讀力

課程地圖是針對大範圍的學習，進行課程實施重點的規劃。所以如果想在國中三年，有效提升國中生的閱讀理解能力，就可以將重要的閱讀策略，循序漸進的放入課程地圖之中。表❷即為國中生「閱讀策略」課程地圖的規劃參考。

表❷ 國中生「閱讀策略」課程地圖範例

年級＼課別	一到四課	五到八課	九到十二課
七年級上學期	找一找（檢索與擷取）	說出主要的	為什麼（詮釋）
七年級下學期	為什麼（排列順序）	為什麼（解釋）	為什麼（比較）
八年級上學期	三類綜合練習	三類綜合練習	★三類綜合練習
八年級下學期	想一想（寫作技巧及寓意）	想一想（寫作技巧及寓意）	你認為

九年級上學期	你認為	五類綜合	★五類綜合
九年級下學期	五類綜合 主題分析評論	五類綜合 主題分析評論	★五類綜合 ★主題分析評論

（註1）三類綜合指：找一找、說出主要的、為什麼
（註2）五類綜合指：找一找、說出主要的、為什麼、想一想、你認為
（註3）若同學學習效果佳，可在九下進入主題分析評論以銜接高中
（註4）有★的部份，可安排同學練習自行設計提問，檢核自己使用閱讀策略的成果
（註5）進行後項策略教學時，前項策略可自然包括進行，如進行「說出主要的」，可先進行「找一找」；進行「為什麼」時，可先進行「找一找」與「說出主要的」

上述的國中生「閱讀策略」課程地圖，可搭配教材進行規劃，試以翰林第一冊的教材，略作說明。

表3 七年級「課程地圖」規劃範例

七上	第一課	第二課	第三課	第四課	第五課	第六課
閱讀策略	找一找	找一找	找一找	★找一找	說出主要的	說出主要的
課文名稱	絕句	夏夜	雅量	做自己貴人	超越時空藩籬	心囚
七上	第七課	第八課	第九課	第十課	第十一課	第十二課
閱讀理解	說出主要的	★說出主要的	為什麼（詮釋）	為什麼（詮釋）	為什麼（詮釋）	★為什麼（詮釋）
課文名稱	音樂家與職籃巨星	謝天	紙船印象	背影	兒時記趣	論語

七下	第一課	第二課	第三課	第四課	第五課	第六課
閱讀理解	為什麼（排列順序）	為什麼（排列順序）	為什麼（排列順序）	★為什麼（排列順序）	為什麼（解釋）	為什麼（解釋）
課文	晏子使楚	王冕的少年時代	孩子的鐘塔	母親的教誨	律詩	小詩

七下	第七課	第八課	第九課	第十課	第十一課	第十二課
閱讀理解	為什麼（解釋）	★為什麼（解釋）	為什麼（比較）	為什麼（比較）	為什麼（比較）	為什麼（比較）
課文	螞蟻雄兵	蠍子文化	櫻花精神	記承天寺夜遊	五柳先生傳	在大地上寫詩

（註）有★的部份，可安排同學練習自行設計提問，檢核自己使用閱讀策略的成果。

「課程地圖」最重要的理念，是將閱讀策略先分段學習，再綜合應用。綜合應用也考慮同學的學習負擔，分八年級上學期及九年級上學期兩階段進行。這樣可以讓學生在分段學習時對閱讀策略有較清晰的概念，也可以利用綜合應用，進行學習遷移。最後在上頁表❷、表❸含有★的部份，建議老師讓同學練習該單元的自我提問，協助學生實踐使用學習策略，主動進行閱讀理解的學習目標。

02 使用課程地圖小訣竅

有了「課程地圖」後，老師就比較清楚在國中或高中的三年裡，有哪些重要的閱讀策略必須優先處理，這樣教材資料的地位，自然退居訓練閱讀策略之後。一旦教材的重要性降低，老師如何運用這些教材，就可以更加靈活，可多可少，可以補充其他教材，也可以刪除一些教材。於是，老師教學專業的主動性就可以增加，不必被教材帶著走，甚至陷入趕課的窘境之中。

目前教材的選擇已由國立編譯館一家變為三家出版社，不僅教材可選擇的份量增加，學生的學習還會有不同版本銜接的困擾，因此必須建立「課程地圖」，才能讓國中每一階段的學習，具有清楚的目標與層次。

此外學校的教學安排，往往會有老師必須在不同年段，接手新班級。老師面對新班級，對學生的學習背景往往缺乏瞭解，如果先有「課程地圖」，老師自然能立刻瞭解學生已教及未教的部份，減少老師的摸索與學生的適應。

老師如果對教材及閱讀策略操練純熟後，也可以根據「課程地圖」調整教材的順序，例如把最難的課文放在後面教，不一定要依照教材編選的順序。學校老師也可以一起討論，這學期需要刪除哪些教材，需要增添哪些教材，這就是為什麼老師應該要共同備課的原因。一旦老師願意共同備課，未來老師對教材的選擇與編排，就能更加自主與彈性，這也符合老師能以專業自主，主動建構課程的積極目標。

此外，過去傳統的教學，語文常識如形音義、注釋、修辭、語法常分配教學最多時間，而閱讀理解與表達應用，分配的時間則相對不足。建議老師未來可調整教學中有關「閱讀理解、語文常識、語文表達」的比例，例如一篇課文若教四節課，可以用「2.5：0.5：1」的比例規劃。

貳　按圖索驥，設計建構式學習單

有了「課程地圖」，接下去就是根據「課程地圖」所規劃的閱讀策略，利用教材讓學生練習使用這些閱讀策略。使用前，要先告訴同學，這篇文章我們要練習的閱讀策略是什麼，這就是我們教學生這一課有關閱讀理解的教學目標。接著我們設計學習單，讓同學練習自己用這個閱讀策略，進行閱讀理解。同學填寫後，我們可以根據他們的填答內容，診斷他們在哪些部份有學習困難。

學習單的設計既然是協助同學練習以閱讀策略，進行閱讀理解，並且希望能偵測學生的學習困難，因此學習單最好能以非選擇題（建構式）的方式呈現，這樣我們才容易看到學生建構閱讀理解的過程，也容易發現他們在哪些過程發生困難。所以建構式學習單就像X光機，能協助我們拍下學生許多閱讀理解的片段，並進行診斷。

01 學習單設計步驟

學習單的設計步驟，宜注意以下五個重點：

- 根據「課程地圖」確定閱讀策略。
- 閱讀文本，找出重要概念。
- 統整重要概念，找出主要概念與相關概念的關係。
- 利用概念圖，組織主要概念與相關概念的關係。
- 根據概念圖的重點，結合閱讀策略進行學習單設計。

而學習單各類閱讀策略較常使用的題幹用語，可以下表略做說明。

表4 學習單的題幹用語

閱讀策略	題幹用語
找一找	●找一找哪些東西睡了？（找重要訊息）
說出主要的	●主要在說什麼？（學習統整重點） ●練習畫出概念圖
為什麼	■**學習如何「解釋」** ●為什麼作者會「涕淚滿衣裳」（學習解釋原因） ●根據以下項目，解釋訊息（學習解釋概念） ●如何解釋描寫出與「千里江陵一日還」相同的速度感？（學習解釋概念） ●解釋○○○與○○○的關係。（學習解釋關係） ■**學習如何「排順序」** ●根據文章，為下列項目列發生的先後順序

項目內容	A事件	B事件	C事件	D事件
發生順序	4	3	1	2

■學習如何「詮釋」

●詮釋「○○○」這句話的涵義是什麼？（學習詮釋詞句涵義）

●這句話，如果用自己的話，你會怎麼說（學習以「換句話說」進行詮釋）

●在地圖上，幫忙為○○○標示正確的位置。（學習詮釋圖文）

■學習如何「比較」

●利用下列表格的項目，比較○○○的異同。（學習針對幾個觀察點，進行不同項目的比較）

項目名稱	A	B	C
觀察點1			
觀察點2			

想一想

●想一想○○○的寫作技巧？（學習瞭解作者的寫作技巧）

●想一想○○○的寫作目的？（學習瞭解作者的寫作目的）

●想一想○○○的隱藏的涵義？（學習瞭解作者的寓意）

你認為

●讀完此文，○○○提出了他的看法是○○○，請幫忙從文中舉例證據，支持他的看法。

●讀完上文，你認為○○○？請至少舉出兩種看法，並從文中舉例證據，支持看法。

在本書第二章，已經詳細說明過「找一找、說出主要的、為什麼、想一想、你認為」等五項閱讀策略的綜合應用，因此以下的學習單設計範例，將以課文的單項學習策略為主。

02 學習單設計範例

範例一

❶

蝴蝶和蜜蜂們帶著花朵的蜜糖回來了，
羊隊和牛群告別了田野回家了，
火紅的太陽也滾著火輪子回家了，
當街燈亮起來向村莊道過晚安，
夏天的夜就輕輕地來了。
來了！來了！
從山坡上輕輕地爬下來了。
來了！來了！
從椰子樹梢上輕輕地爬下來了。
撒了滿天的珍珠和一枚又大又亮的銀幣。

❷

美麗的夏夜呀！
涼爽的夏夜呀！

小雞和小鴨們關在欄裡睡了。
聽完了老祖母的故事，
小弟弟和小妹妹也闔上眼睛走向夢鄉了。
（小妹妹夢見她變做蝴蝶在大花園裡忽東忽西地飛，
小弟弟夢見他變做一條魚在藍色的大海裡游水。）
睡了，都睡了！
朦朧地，山巒靜靜地睡了！
朦朧地，田野靜靜地睡了！
只有窗外瓜架上的南瓜還醒著，伸長了藤蔓輕輕地往屋頂上爬。
只有綠色的小河還醒著，低聲地歌唱著溜過彎彎的小橋。
只有夜風還醒著，從竹林裡跑出來，跟著提燈的螢火蟲，
在美麗的夏夜裡愉快地旅行。

——選自楊喚〈夏夜〉，洪範出版之《楊喚詩集》

● **運用的閱讀策略：**找一找
● **要掌握的重要概念：**「回家了」、「夏夜爬下來了」、「睡了」、「還醒著」

● **練習繪製概念圖：**

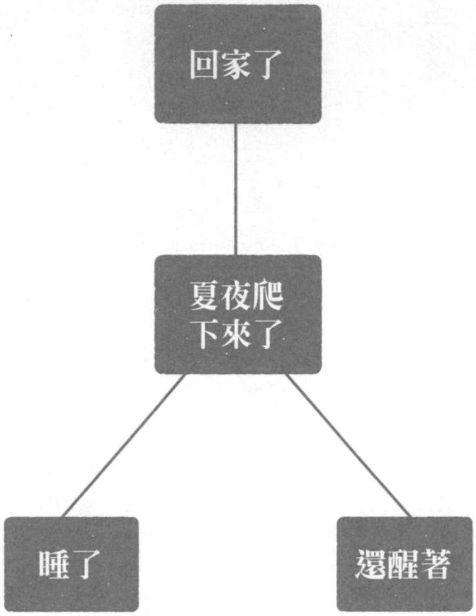

● **設計建構式學習單：**

練習以「找一找」的閱讀策略，檢索重要訊息。

提問：找一找上文段落❷，用哪三種現象告訴我們夏夜來了？

參考答案：（街燈亮了）、（天色漸漸暗了）、（天上有星星和月亮）告訴我們「夏夜來了」。

提問：找一找夏夜裡那些東西還醒著？

參考答案：夏夜中還醒著的東西有（南瓜）、（小河）、（夜風）。

提問：找一找夏夜裡有哪兩樣東西，快樂的到處旅行？

參考答案：夏夜中到處旅行的有（夜風）、（螢火蟲）。

提問：找一找，醒著的夜風，在夏夜裡先後做了哪些事情？

參考答案：夜風在夏夜裡，先做的事情是（從竹林跑出來），後做的事情是（到處旅行）

說明：找一找的問題，大家似乎覺得只要是文本的訊息就可以找一找。但其實找一找是要找「文本重要訊息」。提醒老師設計找一找的問題時，一定要能掌握文本重點。

範例二

❶ 每個人的一生都會遭遇許多事，有些是過眼雲煙，倏忽即逝；有些是熱鐵烙膚，記憶長存；有些像是飛鳥掠過天邊，漸去漸遠。而有一些事，卻像夏日的小河、冬天的落葉，像春花，也像秋草，似無所見，又非視而不見——童年的許多細碎事物，大體如此，不去想，什麼都沒有，一旦思想起，便歷歷如繪。

❷ 紙船是其中之一。我曾經有過許多紙船，在童年的無三尺浪的簷下水道航行，使我幼時的雨天時光，特別顯得亮麗充實，讓人眷戀。

❸ 那時，我們住的是低矮簡陋的農舍，簷下無排水溝，庭院未鋪柏油，一下雨，便泥濘不堪。屋頂上的雨水滴落下來，卻理直氣壯地在簷下匯成一道水流，水流因雨勢而定，或急或緩，或大或小。我們在水道上放紙船遊戲，花色斑雜者，形態怪異者，氣派儼然者，甫經下水即遭沉沒者，各色各樣的紙船或列隊而出，或千里單騎，或比肩齊步，或互相追逐，或者乾脆是曹操的戰艦——首尾相連。形形色色，蔚爲壯觀。我們所得到的，是眞正的快樂。

❹ 這些紙船都是有感情的，因爲它們大都出自母親的巧思和那雙粗糙不堪、結著厚繭的手。母親摺船給孩子，讓孩子在雨天裡也有笑聲，這種美麗的感情要到年事稍長

後才能體會出來，也許那雨一下就是十天半月，農作物都有被淋壞、被淹死的可能，母親心裡正掛記這些事，煩亂憂愁不堪，但她仍然平靜和氣地爲孩子摺船，摺成比別的孩子所擁有的還要漂亮的紙船，好讓孩子高興。

❺ 童年舊事，歷歷在目，而今早已年過而立，自然不再是涎著臉要求母親摺紙船的年紀。只盼望自己能以母親的心情，爲子女摺出一艘艘未必漂亮但卻堅強的、禁得住風雨的船，如此，便不致愧對紙船了。

——選自洪醒夫〈紙船印象〉

● **運用的閱讀策略：**「為什麼」策略中的「詮釋詞句」

● **要掌握的重要概念：**「人生印象」、「紙船印象」、「紙船遊戲」、「美麗的感情」、「傳承感情」

● 練習繪製概念圖：

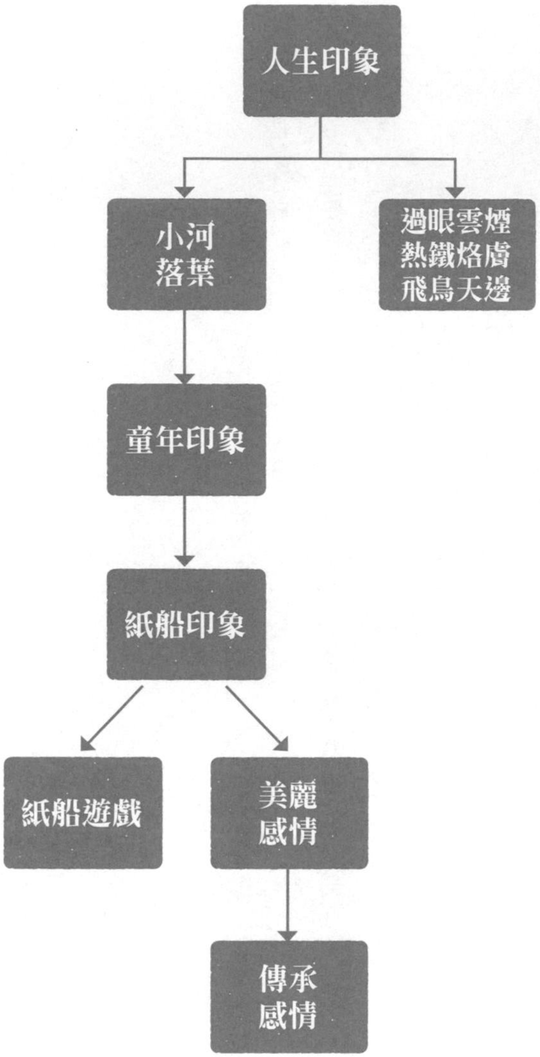

● 設計建構式學習單：

複習「找一找」的閱讀策略

提問：找一找，作者把人生的遭遇，分為哪四類印象？

參考答案：這四類印象包括（像過眼雲煙，倏忽即逝）、（像熱鐵烙膚，記憶長存）、

（像飛鳥掠過天邊，漸去漸遠）、（像夏日的小河、冬天的落葉，像春花，也像秋草，似無所見，又非視而不見）

提問：找一找，上題的四類印象，作者認為哪一類最重要？

參考答案：我認為最重要的印象是（像夏日的小河、冬天的落葉，像春花，也像秋草，似無所見，又非視而不見）

提問：找一找，作者舉哪兩個例子，說明這類最重要的印象。

參考答案：這兩個例子是（童年印象）、（紙船印象）

練習「為什麼——**詮釋**」的閱讀策略，**詮釋詞句、涵義或圖文轉譯**

提問：「不去想，什麼都沒有，一旦思想起，便歷歷如繪」，詮釋這段話的涵義。

參考答案：童年許多美好的印象，不刻意去想，什麼都沒有，但如果因為某件事情的觸發，讓我們聯想起來，那麼那些美好的印象，就會栩栩如生的在腦中重現，這個畫面往往有聲音、有動作、有色彩、甚至還有當時那種快樂的感受。

提問：「無三尺浪的簷下水道」中，詮釋「無三尺浪的」具體與抽象詞的涵義，分別是什麼？

參考答案：具體涵義：簷下水道的水流，十分（和緩、平順）
抽象涵義：童年（風平浪靜）或（無憂無慮）

提問：在「屋頂上的雨水滴落下來，卻理直氣壯地在簷下匯成一道水流」這句中，請詮釋「理直氣壯地」的涵義。

參考答案：屋頂上的雨水滴落下來，卻（興高采烈地）、（自然地）在簷下匯成一道水流。

提問：在「而今早已年過而立，自然不再是涎著臉要求母親摺紙船的年紀」這句中，請詮釋「涎著臉」的涵義。

參考答案：涎本是流口水，涎著臉本指臉上流口水，引申為幼稚的行為。

提問：「只盼望自己能以母親的心情，為子女摺出一艘艘未必漂亮但卻堅強的、禁得住風雨的船」，詮釋「母親心情」的涵義。

參考答案：母親希望孩子在雨天也有笑聲的心情。

提問：根據下列地圖，圈出作者的故鄉。

參考答案：圈出地圖的彰化。

說明：詮釋詞語涵義的問題，一定要找文本重要、且學生易誤解或不易理解的句子，不宜只根據課文注釋設計問題。涵義詮釋也建議讓同學用自己的話說，不要背注釋。

範例三

❶ 晏子使楚。楚人以晏子短，爲小門於大門之側而延晏子。晏子不入，曰：「使狗國者從狗門入。今臣使楚，不當從此門入。」儐者更道，從大門入。

❷ 見楚王。

王曰：「齊無人耶？使子爲使。」

晏子對曰：「齊之臨淄三百閭，張袂成陰，揮汗成雨，比肩繼踵而在，何爲無人？」

王曰：「然則何爲使子？」

晏子對曰：「齊命使，各有所主。其賢者使使賢主，不賢者使使不肖主。嬰最不肖，故宜使楚矣。」

——選自《晏子使楚．晏子春秋》

● **運用的閱讀策略：**「為什麼」策略中的「排列事件順序」

● **要掌握的重要概念：**「晏子出使楚國」、「開狗門事件的危機與解決」、「齊無人的危機與解決」

練習繪製概念圖：

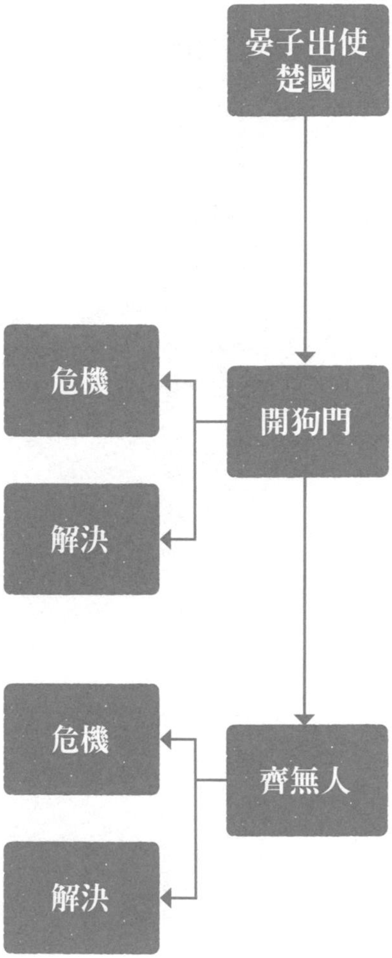

設計建構式學習單：

複習「找一找」、「為什麼——詮釋」的閱讀策略

提問：詮釋「儐者更道，從大門入」的涵義？

參考答案：接待員趕緊改變路線，請晏子從大門進入。

提問：找一找晏子用哪三個具體的例子，說明齊國人口眾多？

參考答案：（張袂成陰）（揮汗成雨）（比肩繼踵）這三個例子，都可說明人口眾多。

練習以「為什麼——排列順序」的閱讀策略，排列事件或項目的順序

提問：根據上文，排列下列事件的先後順序。

參考答案：

事件內容	楚王懷疑齊國沒有人才	楚國開小門迎接晏子	晏子出使楚國
發生順序	3	2	1

提問：根據上文，排列「開小門」的先後順序。

參考答案：

事件內容	晏子前往楚國	晏子請求進入楚都城門	接待員引導晏子從大門進入	晏子主張到楚國應從大門進入	接待員引導晏子從小門進入
發生順序	1	2	5	4	3

提問：根據上文，排列「齊無人」事件的先後順序。

參考答案：

事件內容	發生順序
晏子說明使者派遣標準	3
晏子證明齊國人口眾多	2
晏子解釋出使楚國的原因	4
楚王懷疑齊國沒有人才	1

範例四

劍外忽傳收薊北，初聞涕淚滿衣裳。
卻看妻子愁何在，漫卷詩書喜欲狂。
白日放歌須縱酒，青春作伴好還鄉。
即從巴峽穿巫峽，便下襄陽向洛陽。

——選自杜甫〈聞官軍收河南河北〉

- **運用的閱讀策略：**「為什麼」策略中的「解釋因果、概念與關係」
- **要掌握的重要概念：**「叛軍失敗」、「喜悅之情（包括具體形象、原因）」、「想像回鄉」
- **練習繪製概念圖：**

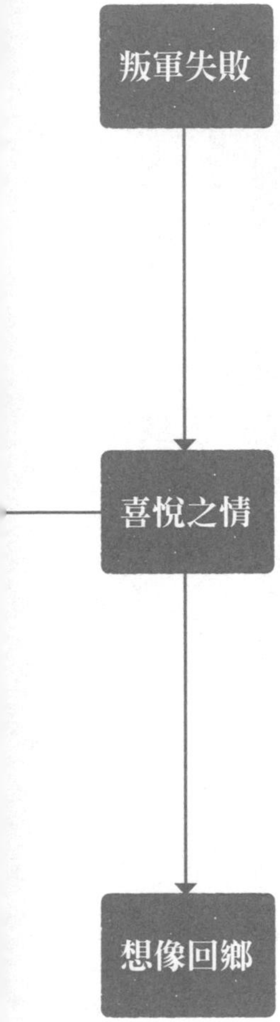

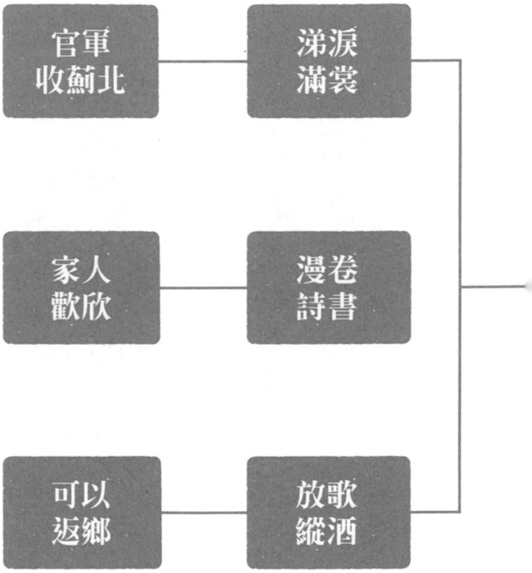

● **設計建構式學習單：**

複習「找一找」、「為什麼——排列順序」。

提問：根據上詩，找一找下列語詞的地名，分別屬於哪一省。

參考答案：「劍外」的「劍」是（四川）省，「薊北」的「薊」代表（河北）省，「巴峽」位於（四川）省，「巫峽」位於（四川）省，「襄陽」位於（湖北）省，洛陽的位置在（河南）省。

提問：根據上詩，排列下列三種情緒的先後順序。

參考答案：

情緒發展	歡喜若狂	悲喜交集	狂歌痛飲慶賀
排列順序	2	1	3

練習以「為什麼——解釋」的閱讀策略，解釋因果或關係

提問：為什麼作者會「涕淚滿衣裳」？

參考答案：因為（忽然聽說官軍已經徹底殲滅安祿山、史思明等叛軍，心中的憂愁頓時舒解，心中百感交集，喜極而泣），所以（涕淚滿衣裳）。

提問：為什麼作者會「漫卷詩書喜欲狂」？

參考答案：因為（看到家中充滿喜氣洋洋的歡樂氣氛），所以會（漫卷詩書喜欲狂）。

提問：為什麼作者會「白日放歌須縱酒」？

參考答案：因為（馬上就可以返回朝思暮想的洛陽），所以會高興地（白日放歌須縱酒）。

提問：在「初聞涕淚滿衣裳」、「漫卷詩書喜欲狂」、「白日放歌須縱酒」三個詩句中，解釋哪些語詞說明喜悅的情緒？哪些語詞描寫喜悅的行為？

參考答案：喜悅情緒的是（喜欲狂），喜悅的行為是（涕淚滿衣裳、漫卷詩書、白日放歌須縱酒）。

提問：在「漫卷詩書喜欲狂」、「白日放歌須縱酒」、「即從巴峽穿巫峽」、「便下襄陽向洛陽」四詩句中，解釋哪些實寫當時的情景？哪些虛寫想像的情景？

參考答案：實寫情景的句子是（漫卷詩書喜欲狂、白日放歌須縱酒）；虛寫情景的句子是（即從巴峽穿巫峽、便下襄陽向洛陽）。

提問：在「劍外忽傳收薊北」、「初聞涕淚滿衣裳」、「即從巴峽穿巫峽」、「便下襄陽向洛陽」四個詩句中，解釋哪些是空間的描寫？哪些是感情的描寫？

參考答案：屬於空間描寫的是（劍外忽傳收薊北、即從巴峽穿巫峽、便下襄陽向洛陽）；感情描寫的是（初聞涕淚滿衣裳）。

提問：解釋詩中有哪些句子，描寫出與「千里江陵一日還」相同的速度感？

參考答案：（即從巴峽穿巫峽，便下襄陽向洛陽）

提問：利用地理知識，解釋「即從巴峽穿巫峽，便下襄陽向洛陽」這兩句詩中的「穿、下、向」三個動詞，與地理環境的關係。

參考答案：從巴峽穿過巫峽到達西陵峽的過程，巫峽峽險而窄，所以用「穿」。從西陵峽到襄陽，因為順流急駛，長驅而下，所以用「下」。而從襄陽到洛陽，改走陸路，因為由南往北上行，所以用「向」。

範例五

元豐六年十月十二日，夜，解衣欲睡，月色入戶，欣然起行。念無與樂者，遂至承天寺，尋張懷民。懷民亦未寢，相與步於中庭。

庭下如積水空明，水中藻荇交橫，蓋竹柏影也。

何夜無月？何處無竹柏？但少閑人如吾兩人耳！

——選自蘇軾〈記承天寺夜遊〉

- **運用的閱讀策略：**「為什麼」策略中的「比較」
- **要掌握的重要概念：**「夜遊背景」、「夜遊景致」、「夜遊體會」
- **練習繪製概念圖：**

● 設計建構式學習單：

複習「找一找」、「為什麼——解釋」的閱讀策略

提問：利用下列表格的項目，找一找夜遊承天寺的相關背景。

參考答案：

夜遊日期	夜遊目的	夜遊地點	參與人物
元豐六年十月十二日	欣賞夜色	承天寺中庭	蘇軾、張懷民

提問：為什麼常人與蘇、張二人，欣賞角度不同？

參考答案：因為（他們有閒心，能用不同的角度欣賞尋常的事物），所以（能欣賞一般人無法欣賞到的美景）。

練習以「為什麼——比較」的閱讀策略，比較訊息異同

提問：根據下列表格，利用「月光、樹、風」三個項目，比較夜遊承天寺時，蘇、張二人與常人不同的欣賞角度。

參考答案：

觀察項目	月光	樹	風
蘇張	月光像清澈透明的水	地面上有許多竹子和柏樹的影子	風吹竹、柏，讓樹影看起來像水中緩緩漂浮的藻荇
常人	月光清亮	周圍有許多竹子和柏樹	風吹起來很舒服

範例六

靜極了，這朝來水溶溶的大道，只遠處牛奶車的鈴聲，點綴這周遭的沉默。順著這大道走去，走到盡頭，再轉入林子裡的小徑，往煙霧濃密處走去，頭頂是交枝的榆蔭，透露著漠楞楞的曙色；再往前走去，走盡這林子，當前是平坦的原野，望見了村舍、初青的麥田；更遠三兩個饅形的小山掩住了一條通道，天邊是霧茫茫的，尖尖的黑影是近村的教寺。聽，那曉鐘和緩的清音。這一帶是此邦中部的平原，地形像是海裡的輕波，默沉沉地起伏；山巖是望不見的，有的是常青的草原與沃腴的田壤。

登那土阜上望去，康橋只是一帶茂林，擁戴幾處娉婷的尖閣。嫵媚的康河也望不見蹤跡，你只能循著那錦帶似的林木想像那一流清淺。村舍與樹林是這地盤上的棋子，有村舍處有佳蔭，有佳蔭處有村舍。這早起是看炊煙的時辰，朝霧漸漸地升起，揭開了這灰蒼蒼的天幕，遠近的炊煙，成絲的、成縷的、成捲的，輕快的、遲重的，濃灰的、淡青的、慘白的，在靜定的朝氣裡漸漸地上騰，漸漸地不見，彷彿是朝來人們的祈禱，參差地翳入了天聽。朝陽是難得見的，這初春的天氣；但它來時是起早人莫大的愉快。頃刻間這田野添深了顏色，一層輕紗似的金粉糝上了這草、這樹、這通道、這莊舍。頃刻間這周遭瀰漫了清晨富麗的溫柔，頃刻間你的心懷也分潤了白天誕生的光榮。

「春！」這勝利的晴空彷彿在你的耳邊私語。「春！」你那快活的靈魂也彷彿在那裡回響。

——選自徐志摩〈我所知道的康橋〉，遠足文化出版之《徐志摩詩文全集》

● **運用的閱讀策略：**「想一想」

● **要掌握的重要概念：**「大道風光」、「小徑風光」、「原野風光」、「土阜風光」、「朝陽的美景與喜悅」

● **練習繪製概念圖：**

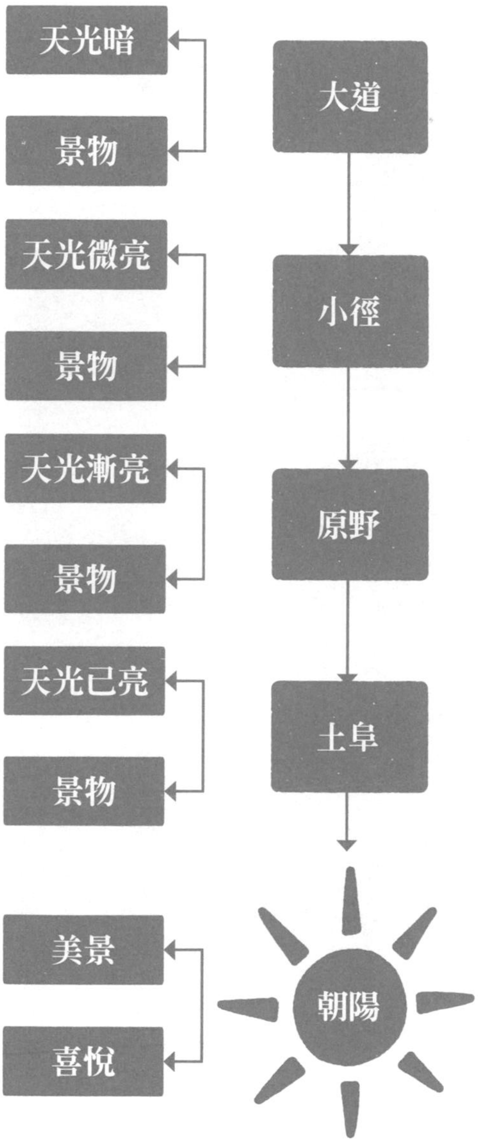

● **設計建構式學習單**

複習「為什麼」的閱讀策略

提問：根據作者行走路線，排列下表地點的先後順序。

參考答案：

地點	小徑	大道	土阜	原野
行經順序	2	1	4	3

提問：解釋作者在描繪「大道、林中小徑、原野、土阜」等不同地點的景物時，應用了哪些感官描寫？

參考答案：描寫大道時，運用到（視覺與聽覺）；彎入林中小徑時，作者用（視覺）描寫景致；走到原野時，運用到（視覺與聽覺），到了土阜則又運用（視覺）來介紹該地風景。

提問：解釋「大道、林中小徑、原野、土阜」四個地點，解釋有哪些天光變化。

參考答案：當踏上大道時，天色還只是（寂靜黑暗），彎入林中小徑時（曙色微露），進入原野時（天光轉亮，只有遠處仍屬朦朧），踏上土阜時，（天光已亮）。

提問：利用「遠、中、近」三個項目，解釋原野看到的景物？

參考答案：作者在原野近處，望見的是（村舍與麥田），稍遠處看到的是（饅形小山），而更遠的地方則可看到（教寺的黑影）。

提問：利用「具體描寫、比喻、感受」三個項目，解釋朝陽初升的情景？

參考答案：作者解釋朝陽初升的的情景時，用（田野添深顏色、輕紗似的金粉糝上草、樹、通道、村舍）等方式具體描寫景致，並比喻朝陽是（清晨富麗的溫柔），又以（分潤白天誕生的光榮）說明作者的感受。

練習以「想一想」的閱讀策略，分析寫作技巧或寓意

提問：找一找作者用哪些形容詞來描寫康橋與康河？想一想它們使用什麼寫作技巧？

參考答案：文中描寫康橋與康河的形容詞有（娉婷的尖閣、嫵媚的康河）。這樣的寫作技巧，是（藉著「使用女性特質之形容詞」，表達作者對康橋與康河的款款深情）。

提問：想一想，作者將炊煙比喻為翳入天聽的祈禱，有什麼寓意？

參考答案：炊煙上升後，逐漸消散，作者將它聯想成（人們祈禱朝陽出現的聲波，如炊煙緩緩上升，最後被上帝接收，所以消失不見。而上帝接受人們的祈禱後，果真讓朝陽出現，滿足人們的期待。）

提問：想一想，「靜極了，這朝來水溶溶的大道」、「朝陽是難得見的，這初春的天氣」與「春！這勝利的晴空彷彿在你的耳邊私語」這三組文句，具有何種共同的寫作技巧？

參考答案：都有（將重點移至句首）的寫作技巧。

提問：「嫵媚的康河也望不見蹤跡，你只能循著那錦帶似的林木想像那一流清淺」「頃刻間你的心懷也分潤了白天誕生的光榮」「春！你那快活的靈魂也彷彿在那裡回響」這三組文句，都共同以「你」代替「我」。想一想，這樣的寫作技巧，具有何種寫作效果？（**學習分析文句寫作技巧的寫作效果**）

參考答案：這樣的寫法，具有（把自己的感受，轉化成讀者的感受，使讀者具有身歷其境之參與感）的寫作效果。

範例七

南陽宗定伯，年少時，夜行逢鬼。

問曰：「誰？」鬼曰：「鬼也。」鬼曰：「卿復誰？」定伯欺之，言：「我亦鬼也。」

鬼問：「欲至何所？」答曰：「欲至宛市。」鬼言：「我亦欲至宛市。」

共行數里，鬼言：「步行太極，可共迭相擔也。」定伯曰：「大善。」鬼便先擔定伯數里。鬼言：「卿太重，將非鬼也？」定伯言：「我新死，故重耳。」

定伯因復擔鬼，鬼略無重。如是再三。定伯復言：「我新死，不知鬼悉何所畏忌？」

鬼答曰：「唯不喜人唾。」

於是共行，道遇水，定伯命鬼先渡；聽之，了無聲。定伯自渡，漕漼作聲。鬼復言：「何以作聲？」定伯曰：「新死不習渡水耳，勿怪！」

行欲至宛市，定伯便擔鬼至頭上，急持之，鬼大呼，聲咋咋，索下，不復聽之。徑至宛市中，著地化爲一羊，便賣之。恐其變化，唾之，得錢千五百，乃去。

當時有言：「宗定伯賣鬼，得錢千五百。」

——選自《定伯賣鬼．搜神記》

● **運用的閱讀策略：**用「你認為」的閱讀策略，讓學生提出看法，並說出證據與理由

● **要掌握的重要概念：**「事件開始」、「事件發展」、「事件高潮」、「事件轉折」、「事件結束」

● **練習繪製概念圖：**

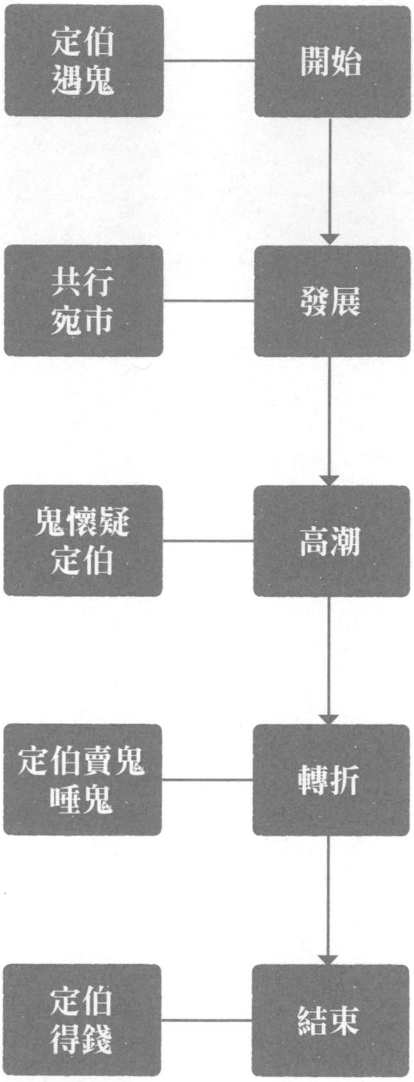

● **設計建構式學習單：**

複習「為什麼」的閱讀策略

提問：請根據「出現時間、夜晚形貌、身體重量、渡水行為、鬼害怕的事物、白日形貌、口水功能」七個項目，解釋文中有關「鬼」的相關內容。

參考答案：鬼出現的時間是（夜晚），夜晚形貌是（人形），身體重量（很輕），渡水時（沒有聲音），最害怕（人類的口水）。到了白天，鬼的形貌（變成一隻羊），口水的功能（讓鬼無法變成人形）。

提問：為什麼鬼懷疑定伯不是鬼？

參考答案：因為鬼覺得定伯（身體太重），同時（渡水聲音也很大）。

提問：解釋定伯用什麼方法，化解被鬼懷疑的危機？

參考答案：定伯說（自己是新鬼）來化解危機。

提問：當定伯與鬼接近宛市時，根據上文，排列定伯賣鬼事件的先後順序。（學習排列事件的順序）

參考答案：

事件情節	定伯快速跑向宛城	定伯賣鬼	定伯把鬼抓到頭上	定伯唾鬼	鬼著地變成羊
發生順序	2	4	1	5	3

練習以「你認為」的閱讀策略，提出看法，並以舉證或說明，支持看法

提問：讀完上文，小明說：我認為「鬼比人善良、率真」。請幫忙小明從文中舉例證據，支持他的看法。

參考答案：文中「鬼比人善良、率真」的證據可包括——

（鬼提議交換相背時，自己先背定伯）

（鬼說出自己的禁忌）

（鬼懷疑定伯時，直接說出心中的懷疑）

（鬼相信定伯的解釋）

提問：讀完上文，你認為定伯是個怎樣的人？請至少舉出兩種看法，並從文中舉例證據，支持看法。

參考答案：此題答案開放，可以讓學生充分討論。教師在引導時，只要學生能找出相符的支持證據即可。如——

我認為定伯是（有機智的人），因為（當鬼懷疑他時，會找理由哄騙鬼）。

我認為定伯是（大膽的人），因為（夜行遇鬼，不會害怕，還與鬼共行）。

我認為定伯是（貪心的人），因為（將鬼賣掉，自己得到一千五百錢）。

我認為定伯是（誠實的人），因為（將鬼賣掉後，朝它吐口水讓他無法變成人形，以免買主遭受損失）。

提問：讀完上文，你認為鬼可能是男性還是女性？試著從文中舉例證據，支持你的看法。

參考答案：這是個可邀請同學儘量發揮想像力的開放題，只要能舉例支持，言之成理即可。

□我認為鬼是男性，因為：

□我認為鬼是女性，因為：

練習過七個範例後，您是否對分項的閱讀策略，以及如何設計建構式學習單，瞭解的更清楚了？

03 使用學習單小訣竅

學習單設計完成後應如何使用，才能協助學生使用閱讀策略，並診斷學生的學習困難？以下針對學習單的使用步驟，以圖表進行簡單說明。

讀學習單 → **閱讀文本** → **填寫學習單** → **分組討論**

讀學習單

瞭解文本重點及閱讀策略。

閱讀文本

同學閱讀時，可先圈出重點，再練習畫概念圖。

填寫學習單

利用閱讀策略，嘗試自行解決問題。

一堂課填寫的題數最好不要超過七題。

分組討論

利用小組學習，釐清學習困難。

小組合作學習的步驟可分為兩種：

一種是同學兩人一組，互相討論（簡單問題）；

一種是四人一組，互相討論（困難問題）。

課堂釐清 ← 完成學習單

課堂釐清：教師利用課堂觀察，瞭解同學的學習困難。針對學習最困難的部份，搭建學習鷹架，進行釐清。

完成學習單：整理小組討論及課堂討論的重點，修正並完成學習單。

瞭解學習單的使用步驟後，也提出三點建議，讓學習單能發揮更大的功效：

● **提升版面的活潑感，增加填答趣味**：學習單可以在提問試題的架構下，利用活潑的版面設計，讓同學的填答更有趣味。

● **多利用本書提供的五個題幹用語**：為幫助同學了解可使用哪些閱讀策略，可多使用「找一找」、「說出主要的」、「為

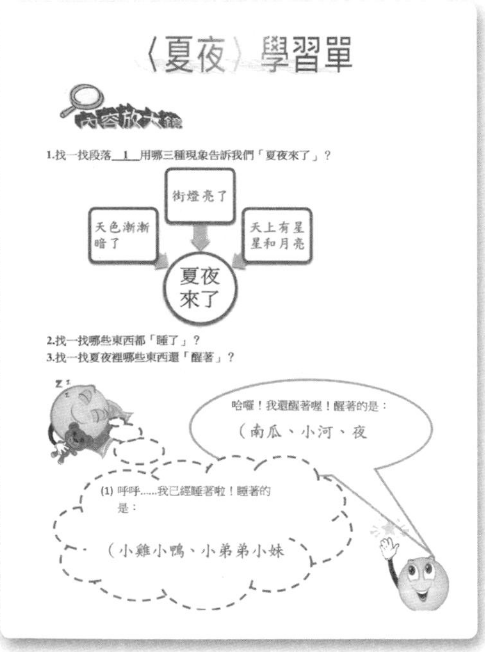
〈夏夜〉學習單

內容放大鏡

1.找一找段落＿1＿用哪三種現象告訴我們「夏夜來了」？

街燈亮了

天色漸漸暗了

天上有星星和月亮

夏夜來了

2.找一找哪些東西都「睡了」？

3.找一找夏夜裡哪些東西還「醒著」？

哈囉！我還醒著喔！醒著的是：

（南瓜、小河、夜

(1) 呼呼……我已經睡著啦！睡著的是：

（小雞小鴨、小弟弟小妹

什麼」、「想一想」、「你認為」等閱讀策略做為題幹用語，提醒同學使用閱讀策略。

● 解釋因果、項目，或比較異同、排列順序的試題，可多使用表格，方便同學填答。

整體而言，若能經常使用建構式學習單，無論對師生都有許多好處。

以學生的角度而言，學生從中可瞭解文本重點。可透過小組學習，不斷釐清學習困難。可透過課堂討論，釐清學習的瓶頸與障礙。可利用多次釐清與深化的結果，修正答案。所以同學最後繳交的學習單，不僅能呈現他最後的學習成果，也能藉由修正學習單的努力過程，獲得學習的信心，不會讓自己成為課堂學習的客人。

以教師的角度來看，教師不必進行逐句逐段教學。能具體瞭解學生的學習困難，並針對學生的學習困難，進行釐清。不必擔心學生感到無聊或上課打瞌睡，可隨時瞭解學生學習狀況，進行拔尖扶弱的差異化教學。

參 穩紮穩打，搭建學習鷹架

老師從學生學習單的填寫與討論，可大致瞭解學生的學習困難，以及學生學習的個別差異。因此，老師可就學生的學習困難，搭建學習鷹架，協助學生釐清並解決這些困難。

學習鷹架的搭建方式很多，學生的學習困難也很多樣，本書只先列舉最常見的三種學習瓶頸，包括「文言文」、「畫概念圖」以及「現代文修辭美句」，簡單說明如何搭建學習鷹架。

01 「文言文」的學習鷹架，如何搭？

文言文的文意理解，是學生常感困難的部分，可參考下列學習鷹架，協助學生解決學習困難。

範例文

秀才故曠達，亦不爲怪。遂與評駁今古。翁殊博洽，鏤花雕績，粲於牙齒；時抽經義，則名理湛深，尤覺非意所及。秀才驚服，留之甚久。

——選自蒲松齡《雨錢．聊齋誌異》

● **學習困難一**

為什麼秀才久留老翁？很多學生會誤答「秀才生性曠達」，但應該是「老翁學問較好」。如何協助學生解決這個學習困難？

學習鷹架示範一：先斷句

秀才故曠達，亦不爲怪。
遂與評駁今古。
翁殊博洽，鏤花雕績，粲於牙齒；
時抽經義，則名理湛深，尤覺非意所及。
秀才驚服，留之甚久。

學習鷹架示範二：標示因果關係

（因爲）秀才故曠達，（所以）亦不爲怪。（因果關係）遂與評駁今古。（因爲）翁殊博洽，鏤花雕繢，粲於牙齒；（因爲）時抽經義，則名理湛深，尤覺非意所及。（所以）秀才驚服，留之甚久。（因果關係）

學習鷹架的順序與說明

鷹架一 斷句 → **鷹架二 因果關係** → **鷹架三 說出重點**

鷹架一 斷句：先找出句號，再將段落分成數句，如學習鷹架示範一。「斷句」對幫助學生理解文言文或白話文的段落文意，非常有幫助，務必多加利用。

鷹架二 因果關係：用（括弧）將句子的因果關係寫出來，如學習鷹架示範二。

鷹架三 說出重點：第一句說明秀才因為生性曠達，所以聽老翁介紹自己是狐仙，不太在意。第二句則說明因為一起研究學問後，秀才發現狐仙學問比自己好，所以一直留他研究學問。

經過搭建上述學習鷹架，釐清困難後，學生自然理解秀才久留老翁的原因是「老翁學問較好」。

學習困難二

為什麼老翁學問較好？學生的答案出現了「評駁今古、博洽、名理湛深、時抽經義、尤覺非意所及」等答案。這些答案都只是摘錄文本句子，不能用自己的話將原因說清楚，而摘錄的句子也不足以說明原因，可見學生對文意理解仍有迷惑，必須進一步釐清。

如何協助學生解決這個學習困難？

先將艱澀的詞句換成口語，再利用前述的因果關係，就能有效釐清學生的學習困難。

學習鷹架的順序與說明

鷹架一 換句話說

將「博洽」換成自己的話「博學多聞」，

將「鏤花雕繢，粲於牙齒」換成自己的話「口若懸河、滔滔雄辯」。

鷹架二 換句話說

將「時抽經義，則名理湛深」換成自己的話「討論經義、分析深刻」。
將「尤覺非意所及」換成自己的話「感覺自己比不上他」。

鷹架三 因果關係

說明「博學多聞、滔滔雄辯」、「討論經義時，分析深刻」，
與「感覺自己比不上他」的因果關係——
因為「討論經義，分析深刻」、「博學多聞，滔滔雄辯」，
所以「感覺比不上他」。

經搭建上述鷹架，釐清困難後，學生自然理解老翁學問較好的原因，在於「博學多聞，滔滔雄辯」、「討論經義，分析深刻」，但回答也可以是「因為評駁古今時，鏤花雕繢，粲於牙齒」及「時抽經義時，名理湛深」，所以感覺老翁學問較好。

02「畫概念圖」的學習鷹架，怎麼建？

畫概念圖，是學生學習常感困難的部份。可以參考下列學習鷹架，協助學生解決學習困難。

範例文

❶ 我愛鳥。

❷ 從前我常見提籠架鳥的人，清早在街上蹓躂（現在這樣有閒的人少了）。我感覺興味的不是那人的悠閒，卻是那鳥的苦悶。胳膊上架著的鷹，有時頭上蒙著一塊皮子，羽翮不整地蜷伏著不動，哪裡有半點睥視昂藏的神氣？籠子裡的鳥更不用說，常年地關在柵欄裡，飲啄倒是方便，冬天還有遮風的棉罩，十分地「優待」，但是如果想要「搏扶搖而直上」，便要撞頭碰壁。鳥到了這種地步，我想牠的苦悶，大概是僅次於黏在膠紙上的蒼蠅；牠的快樂，大概是僅優於在標本室裡住著罷？

❸ 我開始欣賞鳥，是在四川。黎明時，窗外是一片鳥囀，不是吱吱喳喳的麻雀，不是呱呱噪啼的烏鴉。那一片聲音是清脆的，是嘹亮的。有的一聲長叫，包括著六、七個音階；有的只是一個聲音，圓潤而不覺其單調；有時是獨奏，有時是合唱，簡直是一派和諧的交響樂。不知有多少個春天的早晨，這樣的鳥聲把我從夢境喚起。等到旭日高升，市聲鼎沸，鳥就沉默了，不知到哪裡去了。一直等到夜晚，才又聽到杜鵑叫，由遠

叫到近，由近叫到遠，一聲急似一聲，竟是淒絕的哀樂。客夜聞此，說不出的酸楚！

❹ 在白晝，聽不到鳥鳴，但是看得見鳥的形體。世界上的生物，沒有比鳥更俊俏的。多少樣不知名的小鳥，在枝頭跳躍，有的曳著長長的尾巴；有的翹著尖尖的長喙；有的是胸襟上帶著一塊照眼的顏色；有的是飛起來的時候才閃露一下斑斕的花彩。幾乎沒有例外的，鳥的身軀都是玲瓏飽滿的，細瘦而不乾癟，豐腴而不臃腫，真是減一分則太瘦、增一分則太肥那樣地穠纖合度，跳盪得那樣輕靈，腳上像是有彈簧。看牠高踞枝頭，臨風顧盼——好銳利的喜悅刺上我的心頭。不知是什麼東西驚動牠了，牠倏地振翅飛去，牠不回顧，牠不徘徊，牠像虹似地一下就消逝了，牠留下的是無限的迷惘。有時候稻田裡佇立著一隻白鷺，拳著一條腿，縮著頸子；有時候「一行白鷺上青天」，背後還襯著黛青的山色和釉綠的梯田。就是抓小雞的鳶鷹，啾啾地叫著，在天空盤旋，也有令人喜悅的一種雄姿。

❺ 自從離開四川以後，不再容易看見那樣多型類的鳥的跳盪，也不再容易聽到那樣悅耳的鳥鳴，只是（北京）清早遇到煙突冒煙的時候，一群麻雀擠在簷下的煙突旁邊取暖，隔著窗紙有時還能看見伏在窗櫺上的雀兒的映影。喜鵲不知逃到哪裡去了？帶哨子的鴿子也很少看見在天空打旋。黃昏時偶爾還聽見寒鴉在古木上鼓噪，入夜也還能聽見那像哭又像笑的鴟梟的怪叫。再令人觸目的就是那些偶然一見的囚在籠裡的小鳥兒了，但是我不忍看。

——選自梁實秋〈鳥〉，正中書局出版之《雅舍小品》

● 學習困難一

學生不會畫概念圖，如何協助學生解決這個學習困難？

學習鷹架的順序

鷹架一 說明段落重點
↓
鷹架二 合併段落重點
↓
鷹架三 提供空白概念圖
↓
鷹架四 填寫概念圖
↓
鷹架五 說明第二層概念的重點
↓
鷹架六 提供第三層空白概念圖
↓
鷹架七 填寫第三層概念圖

學習鷹架的說明

鷹架一：說明段落重點

上文共分五段，所以先說出各段的重點。

段落	重點一
第一段	（我愛鳥）
第二段	（關心不自由鳥的苦悶）
第三段	（欣賞自由鳥的鳴叫）
第四段	（欣賞自由鳥的活動）
第五段	（比較北平鳥與四川鳥的差異）

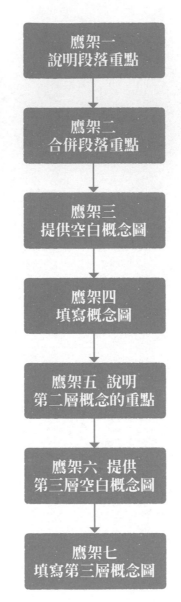

鷹架二：合併段落重點

合併第三、四段的重點為「欣賞自由的鳥」。

段落	第一段	第二段	第三段	第四段	第五段
重點一	（我愛鳥）	（關心不自由鳥的苦悶）	（欣賞自由鳥的鳴叫）	（欣賞自由鳥的活動	（比較北平與四川鳥的差異
重點二	（我愛鳥）	（關心苦悶鳥）	（欣賞自由鳥）		（比較差異）

鷹架三：提供空白概念圖

請利用下列空白概念圖，將「我愛鳥、關心苦悶鳥、欣賞自由鳥、比較差異」四個重要概念，填入恰當的位置。

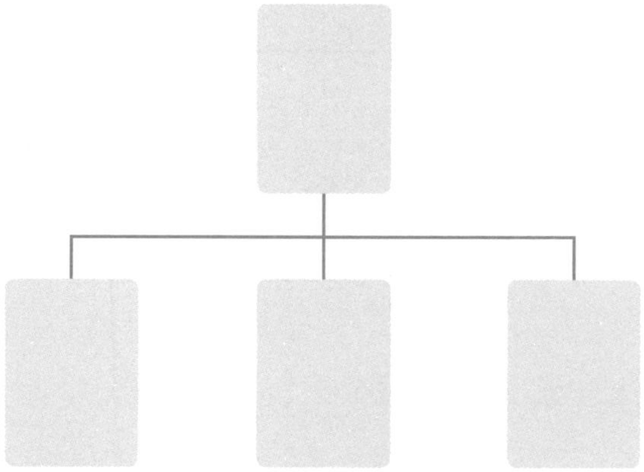

鷹架四：填寫概念圖

學生討論後，填入恰當答案。如答案有歧義，則再進一步釐清。

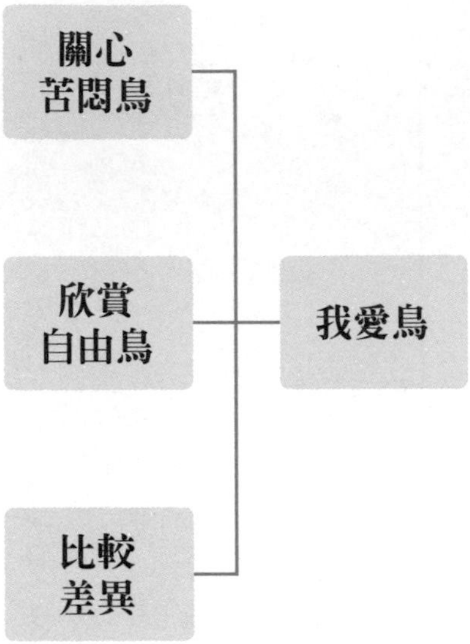

鷹架五：說明第二層概念的重點

——根據「關心苦悶鳥」的段落，找出重點：「胳膊鷹」與「籠中鳥」。

——根據「欣賞自由鳥」的段落，找出重點：「鳴唱」與「活動」。

——根據「比較差異」的段落，找出重點：「四川鳥」與「北平鳥」。

鷹架六：提供第三層空白概念圖

請利用下列概念圖，將「苦悶鳥」、「自由鳥」、「比較差異」的重點，填入恰當位置。

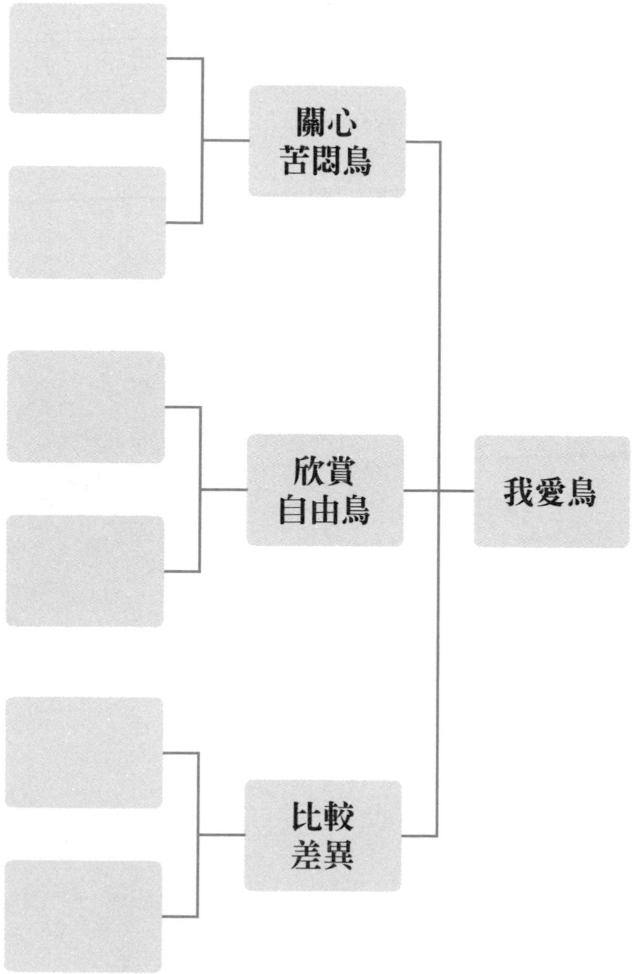

鷹架七：填寫第三層概念圖

學生討論後，填入恰當答案。

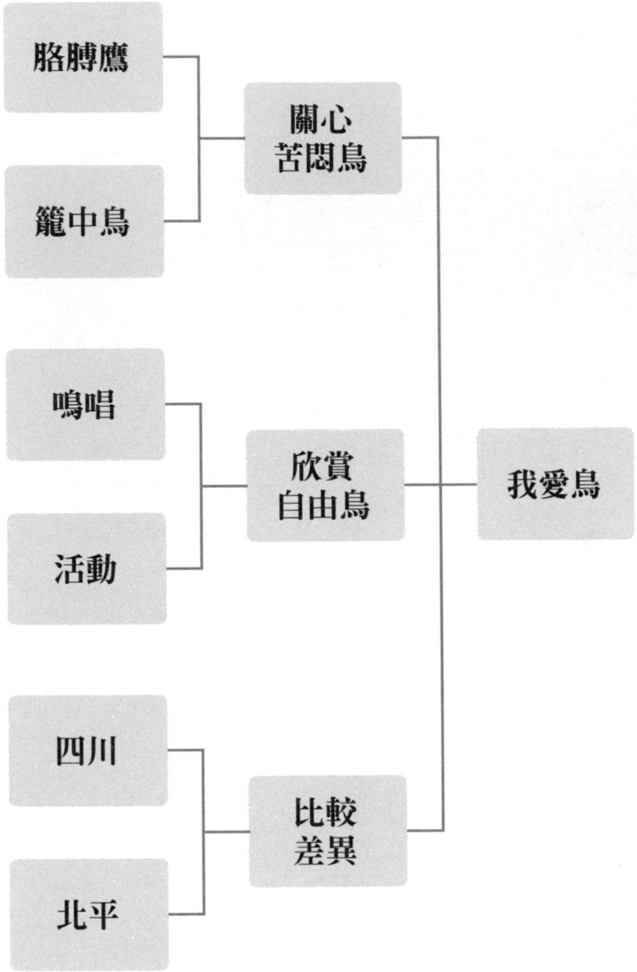

經過搭建上述學習鷹架，釐清困難後，同學可逐步畫出較完整的概念圖。概念圖的練習可先做兩層，再進入第三層，這樣學生較容易上手。

03 「修辭美句」的學習鷹架，這樣教！

散文中富有修辭之美的文句，學生往往只會背誦美句所使用的修辭法，卻對文句所使用的寫作技巧一知半解。因此設計下列學習鷹架，協助學生能深入體會文句的文學之美。

● **學習困難**

想一想「好銳利的喜悅刺上我的心頭」所使用的寫作技巧，學生只會回答「轉化」，卻無法深入說明。如何協助學生解決這個學習困難？

鷹架一 還原本意 → **鷹架二 寫作技巧** → **鷹架三 語詞替換**

鷹架一 還原本意

「好銳利的喜悅刺上我的心頭」的本意是「我感覺非常喜悅」。

鷹架二 寫作技巧

如何將「非常激烈的情緒」表達出來？
作者用「好銳利的刀刺上我的心頭」來表達「非常激烈的情緒」。

鷹架三 語詞替換

不是真正的用刀刺上心頭，而是喜悅刺上心頭，
所以把「刀」換成「喜悅」。

經搭建上述學習鷹架，深入學習後，同學可更深入了解「化抽象為具體」的寫作技巧，也會對本句的文學之美有更深的體會。

小結

在本書第一章「國語文教學的現在與未來」中，曾分析三種現在進行中的語文教學情境；本章則以課程地圖、建構式學習單、學習鷹架，嘗試為未來的國語文教學情境，規劃具體藍圖。

這樣的教學方法，與傳統的教學方法有明顯差異，試以表5比較說明：

表5 傳統教學與有效教學，有何差異？

項目	傳統教學法	有效教學法
教學目標	不重視	根據課程地圖，擬定具體目標
課程設計	根據教材中作者題解、注釋、課文的順序，進行教學	根據學生的學習困難，設計學習鷹架，進行教學
教學重點	●形音的指正、統整 ●注釋說明 ●修辭說明 ●文法說明 ●段落大意說明 ●語文常識說明	●引導學生畫出概念圖 ●設計學習單，引導學生使用閱讀策略 ●引導學生自行解決閱讀困難

教學方法	●老師單向講授	●老師設計問題或學習單 ●學生小組討論 ●學生報告成果 ●學生練習設計問題或學習單
評量方式	●測驗卷選擇題	多元作業（畫圖、表演、口頭報告、討論、畫組織圖、填答學習單、書面報告、表達應用、創作）

經由上述比較可知，傳統的教學法只重視教學框架，卻不關心學生的學習困難，也不重視搭建學習鷹架，所以弱勢型學生無法釐清學習困難，而精熟型學生則覺得上課無聊。像這樣的教學方法，既無法拔尖也不能扶弱，所以表現在國際閱讀素養的成績，就是「低表現水準」的人數過多，「高表現水準」的人數過少。

而傳統的刻板教學法，加上四選一的選擇題型評量，也讓台灣的學生在學習時只重視結果，不重視過程；習慣以散漫隨便的態度回答試題；總是擔心犯錯，照抄原文；不關心自己是否理解，只關心標準答案。長久下來，我們學生自然無法統整、解釋或論述自己的想法與看法。這些現象，正是臺灣學生參加國際閱讀素養評量，成績表現不佳的主要原因。

有效的教學法，著重引導學生使用閱讀策略，進行自我學習；且學習單允許學生不斷修正，所以不僅可以鼓勵學生自我挑戰，也可以進行多次的反覆釐清。這樣的教學設計，可以協助學生瞭解：學習是一個不斷自我修正、自我提升的過程，因此沒有一個學生會在學習的過程中被放棄，但也沒有一個學生可滿足目前的表現。

期待未來有更多老師願意改變傳統教法，選擇有效教學法來進行教學，讓學生從過去的學習框架中解脫出來，能釋放自己的學習潛力，也能對自己的學習充滿信心。

附錄

進入教學現場

教學示範 1

示範者：新北市中正國中　賴璞老師

班級：七年級

課文：王冕的少年時代

元朝末年，出了一個嶔崎磊落的人。這人姓王名冕，在諸暨縣鄉村裡住。七歲上死了父親，他母親做點針黹供他到村學堂裡去讀書。

看看三個年頭，王冕已是十歲了，母親喚他到面前來說道：「兒啊！不是我有心要耽誤你，只因你父親亡後，我一個寡婦人家，年歲不好，柴米又貴，行這幾件舊衣服和些舊傢伙，當的當了，賣的賣的了，只靠我做些針黹生活尋來的錢，如何供得你讀書？如今沒奈何，把你雇在間壁人家放牛，每月可得幾錢銀子，你又有現成飯吃，只在明日就要去了。」王冕道：「娘說的是。我在學堂坐著，心裡也悶，不如往他家放牛，倒快活些。假如要讀書，依舊可以帶幾本書去讀。」

當夜商議定了，第二日，母親同他到間壁秦老家。秦老留著他母子兩個吃了早飯，牽出一條水牛來交與王冕，指著門外道：「就在我這大門過去兩箭之地，便是七泖湖，湖邊一帶綠草，各家的牛，都在那裡打睡。又有幾十棵合抱的垂楊樹，十分陰涼。牛要渴了，就在湖邊飲水。小哥！你只在這一帶玩耍，不可遠去。我老漢每日兩餐小菜飯是不少的，每日早上還折兩個錢與你買點心吃；只是百事勤謹些，休嫌怠慢。」他母親謝了擾，要回家去。王冕送出門來，母親替他理理衣服，口裡說道：「你在此須要小心，休惹人說不是；早出晚歸，免我懸念。」王冕應諾，母親含著兩眼眼淚去了。

王冕自此在秦家放牛，每到黃昏，回家跟著母親歇宿。或遇秦家煮些醃魚、臘肉給他吃，他便拿塊荷葉包了，回家孝敬母親。每日點心錢也不用掉，聚到一兩個月，便偷個空走到村學堂裡，見那闖學堂的書客，就買幾本舊書，逐日把牛拴了，坐在柳樹蔭下看。

彈指又過了三、四年，王冕看書，心下也著實明白了。那日正是黃梅時候，天氣煩躁，王冕放牛倦了，在綠草地上坐著。須臾，濃雲密布，一陣大雨過了，那黑雲邊上鑲著白雲，漸漸散去，透出一派日光來，照耀得滿湖通紅。湖邊山上，青一塊，紫一塊，綠一塊；樹枝上都像水洗過一番的，尤其綠得可愛。湖裡有十來枝荷花，苞子上清水滴滴，荷葉上水珠滾來滾去。王冕看了一回，心裡想道：「古人說：『人在畫圖中』，實在不錯；可惜我這裡沒有一個畫工，把這荷花畫他幾枝，也覺有趣。」又心理想道：「天下那有個學不會的事？我何不自畫他幾枝？」

自此聚的錢不買書了，託人向城裡買些胭脂、鉛粉之類，學畫荷花。初時畫得不好；畫到三個月之後，那荷花精神、顏色，無一不像；只多著一張紙，就像是湖裡長的，又像才從湖裡摘下來貼在紙上的。鄉間人見畫得好，也有拿錢來買的。王冕得了錢，買些好東西去孝敬母親。一傳兩，兩傳三，諸暨一縣，都曉得他是一個畫沒骨花卉的名筆，爭著來買。到了十七、八歲，也就不在秦家了，每日畫幾筆畫，讀古人的詩文，漸漸不愁衣食，母親心裡也歡喜。

——選自明朝吳敬梓《儒林外史・王冕的少年時代》
亦收錄於翰林、南一、康軒版國語文教材第二冊

教學現場速寫：

早上八點二十分，新北市中正國中七〇九班展開今天的國文課。這個班級原本已在推行學習共同體，班上同學四人一組坐在一起，方便共同學習討論。老師簡單說明今天這兩堂課的重點是要完成「王冕的少年時代」這篇課文的學習單之後，便請同學「依自己的速度、音量讀完本課」。

同學大約花了七、八分鐘讀完課文，老師接著請同學進行學習單一至五題的答題（見學習單一）。這部分預計進行二十分鐘，老師請同學花十分鐘先自己寫一遍答案，之後有不懂或有困難的部分，再與隔壁的學伴討論。

在小組裡，同學都互稱學伴。老師有時要求四人一起討論，有時兩人一起合作，並有討論時間限制。賴璞老師解釋，兩人一起討論的好處是，較不會出現有人在旁邊

當客人的狀況，而限制討論時間，則會讓同學討論更有效率。

班上討論的秩序相當不錯，沒有出現過於吵鬧或聊天的狀況。跟隔壁的學伴討論過答案之後，老師請同學跟學伴交換學習單，看一下別人寫了甚麼。看過之後，老師問同學：「請問別人跟你的想法一樣嗎？」同學回答：「差不多！」「你覺得誰寫得好？」「各有利弊。」「所以我們要互相學習啊！」老師說。

接下來老師鼓勵同學跟學伴討論兩人之間答案的異同，並請同學解釋其中的差異。然後，各組發表答案，老師綜合整理於電腦上，再討論各組答案。

完成學習單一到五題的討論之後，老師補充了一些跟課文相關的資料，第一堂下課時間到。

第二堂課一開始，老師先繼續討論前一堂課學生還有疑惑的部分，做更進一步的釐清。接下來就進入了學習單六至八題的討論（見學習單二）。

這幾道題目難度較高，需要對全文佈局進行脈絡的統整、解釋分析，再抓出文章的核心。老師請小組四人一起討論，找出答案。各小組討論出答案後，老師把答案綜合整理於電腦上，針對這些答案再帶著學生一起討論、比較、釐清，有些答案在這討論過程中被刪去，因為在文本中找不到支持的證據，或是有更好的說法可以代替。這堂課雖然只是進行了三道題目的討論，但討論的內涵與層次都相當豐富，觀察學生的學習單，也都寫得很認真。

在這兩堂課裡，老師帶領同學透過自行閱讀課文與學習單的回答、討論、釐清與相關資料的補充，完成了這篇課文的閱讀理解教學。這樣的上課方式，是有效閱讀教學可以參考的方式之一。

下課後，記者與學生訪談，大部分的同學都表示，很喜歡賴璞老師的上課方式，在經過一個多學期的訓練之後，學生都覺得自己更喜歡國文，表達能力也變好了，「因為討論的機會多了，上課也更有趣了，而且幫助我們更能理解課文，」一位同學表達了這樣的心聲。

【與賴璞老師面對面】

Q 你現在的上課方式跟以前有什麼不一樣？

以前我都是照備課用書上課，就是很傳統的國文老師。我以前備課也很認真，要準備很多笑話，很多家庭故事，一節課我就呱啦呱啦一直講，很累，可是學生有沒有學到？說真的，不一定。我以前就是很忙，上課講到「燒聲」。後來因為一個專案去上鄭圓鈴教授的課，覺得很多概念真的很受用。例如，課程地圖的概念，我就逐漸把這些概念應用到教學上。

Q 你如何發展課程地圖？

鄭教授覺得我們上課太快了，一堂課裡要教修辭，又要教形音義，又要背書、默寫，還要進行課文的理解分析，甚至還要教作文，塞了很多東西。其實老師自己心裡頭應該有個課程地圖，一篇課文除了基本要教的東西以外，就只要鎖定一、兩個主題，一定要讓全班學會。如果每一課鎖定一、兩個主題，一學期十二課就只教二十個主題就好了。其實國文也沒那麼多主題要教，這樣就不必每篇文章都得塞二十個重點，可是卻只能蜻蜓點水，學生也學不好。

用課程地圖的概念，就是讓學生一步一步學好每個重要的主題。以主語（主詞）這個主題為例，過去大家都覺得這個主題很簡單，有一次我跟同事說：「我才剛教完主語。」我同事就問我：「主語就是一句話的頭，還要你教嗎？」

我後來發現，真的需要教。鄭教授就跟我們說過，你們這些讀中文系的老師，都是從小文科比較好的，沒有辦法去同理那些語文不是他們強項的孩子。我聽了鄭教授的話去教教看。例如：〈夏夜〉這一課，我第一次上課就問學生：「『來了！來了！從椰子樹梢上輕輕地爬下來了』這句話的主語是甚麼？」

這句話的主語，很明顯的就是「夏夜」，可是學生卻都說：「椰子樹梢」。我就再問：「所以你們覺得是『椰子樹梢從椰子樹梢輕輕爬下來』嗎？」他們才發現：「不對啊！」

後來我玩了一個遊戲，我要每一組出一個題目去考別人，主語是甚麼，出題的要知道答案，然後各組交換題目考，他們就很認真討論。結果七組裡有五組通過，比之前的通過率高很多。

這個經驗讓我體會到，有課程地圖的概念很重要，可以慢慢教，但一定要把重要的主題教到讓學生懂。例如你看到剛才課堂上，學生分析場景，不太有困難，甚麼是簡筆的描述、甚麼是繁筆的描述，概念都很清楚了，所以我就不用再解釋太多了。我覺得這才是一個國文老師的價值，幫助學生真正學會重要的主題，否則學生都不懂，我講再多也沒意義。

鄭教授一直提醒我們：「老師要蹲到學生的高度去設計課程地圖。」我們以前就是拼命趕進度，驀然回首才發現學生根本沒跟上。老師也很困惑，其實我們學校沒有一個老師是不努力的，重點是大家拼命趕進度，拼命教，要學生拼命背，有時候很心痛的是，學生根本沒有跟上。

Q 從傳統的講述式教學轉變成現在的教學方式，你是怎麼轉型過來的？

依傳統我就是先講題解、作者，補充一大堆的東西。可是鄭教授說應該先上課文，最後讓學生回頭看題解，甚至可以問學生，你覺得題解寫的怎麼樣？好不好？甚至可以讓學生自己寫。所以我們設計了很多學習單，讓學生在課堂上先讀完課文後，寫答案，或小組討論找答案，有時候兩人一組，有時候四一組。

學習單裡就有不同層次的題目，有些就是比較簡單的檢索，自己就可以找到答案；比較難的，我就會讓他們小組討論，我再來進行釐清。他們在寫或討論的時候，我就會走動去觀察他們對課文理解的狀況。

我還會限制討論的時間，因為有些學生會聊天。由於有時間限制，學生就會比較專心討論，也會主動分工合作，你會看到學生自己分配題目，甲負責找這題答案，乙負責找那題答案，或兩人同時在寫一張學習單的畫面。

除了運用學習單，還有就是分享的概念。我會要學生舉例分享，例如教到一篇談鄉愁的文章，我就請學生舉個知道的例子，談談鄉愁是甚麼。結果有一次有學生找了黃美珍的一首歌〈最怕想家〉，我後來放歌詞給學生看，大家邊看邊哭，一起分享想法。這歌詞是學生用班級電腦幫我下載的，等於是孩子幫我備課。我覺如果懂得善用網路資源真的很棒，學生在這方面往往比老師還厲害。

Q 這種上課方式有很多的小組討論、分享，應該與「學習共同體」（註：見二二二頁）的理念很相容？

這種分組上課的優點是可以利用差異去解決差異。像有一組學生，一個比較弱，一個很強，如果照傳統的講述式學習，他們兩個永遠搭不在一起，可是因為我有限時討論，原本不會的孩子就會求救，分頭找不同題目的答案，找到答案就分頭寫，他們就變成是很好的學伴。

而有幾個資源班的孩子，如果照以前的教學方式，其實不太能吸收。可是現在這種學習共同體的上課方式，對他們好很多，他們都會去問同學，請教學伴。

Q 你現在還會用備課用書嗎？照備課用書上課的問題出在哪裡？

書商都會給我們備課用書，有一次我看到一個非常可怕的畫面，一個學生手上拿的補習班講義，竟然就是我的備課用書！補習班居然直接印給學生，然後告訴學生：「你們老師大概會講這裡和這裡，你們先把這個讀熟，老師出的題目你們就都會了。」我當時很震驚！天啊！我以為我很厲害的地方，原來都已經在學生手上了。

老實說，老師都很依賴備課用書，當我不知道別的教法的時候，我一定會很依賴它，因為它很齊全。書商現在已經細膩到把給老師的備課用書從一學期一本增加到三本，一次段考一本備課用書。因為它資料太齊全了，從頭到尾，課文每一段該怎麼教都做得很細膩，如果老師真的就照這麼教，補習班老師威信就會提升了，因為你講的學生手上都有了。

其實備課用書不是罪惡，是老師自己太依賴。廠商很用心，找了很多資料，但老師自己要去消化，活用。只是，如果老師不知道有其他的路就會照著教，因為這條路看起來又方便、又安全。

我現在就是挑著用備課用書裡的內容，但是備課用書的內容，跟鄭教授的概念差很多。她不鼓勵慢慢講述這些東西，而是鼓勵學生自己找，而且學生真的找得到；找不到的，老師來點撥一下就好了。上次學生幫我找到那首歌的時候，我突然了解到，找資訊的能力是學生的強項，不是我，我們應該去發掘學生的潛能。

Q 用這種教法要重新備課，你已經教了十幾年書，為什麼願意改變？

我以前上課的時候會看到下面的學生有空洞的眼神，真的會不安，心裏頭明白，我現在講的東西不一定對他的生命可以有甚麼改變。我教書的前面十五年都是像我以前的老師一樣的教法，直到這兩年才轉過來。可是我覺得只要老師知道有這樣的路，願意改變的人很多。我晚上備課備很久，但是我現在教書教得比較快樂，因為心裡比較扎實，不會再看到學生空洞的眼神。

〈王冕的少年時代〉學習單（一）

提供者：新北市中正國中教師 賴璞

一、作者在這課主要是想要寫出王冕的什麼特質？

二、找一找，這課依王冕的年紀次序，寫到王冕人生哪幾個重要的時間點？請依下表摘要出王冕在這些年紀時的人生際遇。想一想，作者是用怎樣的手法（詳筆或簡筆）來敘寫？請在□中勾選

年歲	（　　）歲	（　　）歲	（　　）歲	（　　）歲
王冕的際遇				
手法	□詳筆　□簡筆	□詳筆　□簡筆	□詳筆　□簡筆	□詳筆　□簡筆

三、本文第一段透露了哪些王冕的基本資料？

時代		姓名	籍貫	家庭狀況
	嶔崎磊落	王冕		父親早亡，母親做針黹供他讀書

四、王冕觀荷一段，作者描寫了哪幾個雨後景物？作者又是如何安排這些景物的層次與視角？（請勾選）

景物	雲、（　　　　）→（　　　　）→樹枝→（　　　　）→荷花及（　　　　）
層次	□遠→近　□近→遠
視角	□高→低　□低→高

五、作者在文章中一開頭就寫出王冕是個「嶔崎磊落」的人。請在文中找證據，說明作者如何寫出王冕的「嶔崎磊落」。

特質	定義	課文中的證據
嶔崎磊落		

〈王冕的少年時代〉學習單（二）

提供者：新北市中正國中教師 賴璞

六、小說中的對話常能透露出這個人的特質，請先用下表摘要出第二段中母親話語的重點，再說說你分析到了王冕母親哪些特質？

摘要重點	對兒子的歉意		解決之道	解決之道的優點	解決之道帶給兒子的委屈
課文內容簡述		1. 沒有父親 2. 年歲不好 3. 她已盡了全力		每月可得幾錢銀子	
母親的特質					

七、請先用下表，摘要出第三段中秦老言談中的重點，再想一想秦老有哪些特質？

摘要重點	工作地點			注意事項		要求的工作態度
課文簡述	七泖湖	1. 有（　　） 2. 有（　　） 3. 有（　　）	照顧牛吃草飲水		1. 兩餐小菜飯 2. 兩個錢買點心	
秦老特質						

八、根據全文，統整出王冕在文中說過的話，與這些話展現出來的人格特質。

形式	王冕的話	王冕的人格特質
對話	娘說的是。我在學堂坐著，心裡也悶，不如往他家放牛，倒快活些	
	假如要讀書，依舊可以帶幾本書去讀	
獨白	天下哪有個學不會的事？我何不自畫他幾枝？	

賴璞老師透過學習單一、二，引導進行文本深入的閱讀理解。以下呈現課堂的部份討論樣貌與學生成果：

▲作者在文章中一開頭就寫出王冕是個「嶔崎磊落」的人。請在文中找證據，說明作者如何寫出王冕的「嶔崎磊落」。

特質	定義	課文中的證據
嶔崎磊落	是有骨氣，心地光明的人 風格不凡 胸懷坦蕩 有毅力，正向思考的人	1. 他心想，天下哪有個學不會的事？我何不自畫他幾支？ 2. 假如要讀書，依舊可以帶幾本書去讀

▲你分析到了王冕母親哪些特質？

母親的特質	母親是個有責任感的人 不捨得兒子吃苦

▲秦老有哪些特質？

秦老特質	是和藹可親的、大方不吝嗇、好客、人很好、很細心的老闆

▲根據全文，統整出王冕在文中說過的話，與這些話展現出來的人格特質。

形式	王冕的話	王冕的人格特質
對話	娘說的是。我在學堂坐著，心裡也悶，不如往他家放牛，倒快活些	樂觀正面思考 為家庭著想 為母親著想 體貼、孝順、敦厚
	假如要讀書，依舊可以帶幾本書去讀	包容 安撫母親的心 好學 有自信、有骨氣
獨白	天下哪有個學不會的事？ 我何不自畫他幾枝？	嶔崎磊落 有骨氣有毅力 用於學習 天下無難事 堅持自己的興趣

教學示範 2

示範者：基隆市正濱國中 梁雅晴老師

班級：九年級

課文：鄒忌諷齊王納諫

Ⓐ 鄒忌脩八尺有餘，而形昳麗。朝服衣冠，窺鏡，謂其妻曰：「我孰與城北徐公美？」其妻曰：「君美甚，徐公何能及君也。」城北徐公，齊國之美麗者也。忌不自信，而復問其妾曰：「吾孰與徐公美？」妾曰：「徐公何能乃君也。」旦日，客從外來，與坐談。問之曰：「吾與徐公孰美？」客曰：「徐公不若君之美也。」

明日，徐公來，熟視之，自以爲不如。窺鏡而自視，又弗如遠甚。暮寢而思之曰：「吾妻之美我者，私我也，妾之美我者，畏我也。客之美我者，欲有求於我也。」

Ⓑ 於是入朝見威王曰：「臣誠知不如徐公美。臣之妻私臣；臣之妾畏臣；臣之客欲有求於臣，皆以美於徐公。今齊，地方千里，百二十城。宮婦有左右，莫不私王；朝廷之臣，莫不畏王；四境之內，莫不有求於王。由此觀之，王之蔽甚矣。」

王曰：「善。」乃下令：「群臣吏民，能面刺寡人之過者，受上賞。上書諫寡人者，受中賞。能謗議於市朝，聞寡人之耳者，受下賞。」令初下，群臣進諫，門庭若市。數月之後，時時而間進。年之後，雖欲言，無可進者。燕趙韓魏聞之，皆朝於齊，此所謂戰勝於朝廷。

——選自《戰國策・鄒忌諷齊王納諫》

亦收錄於翰林版國語文教材第六冊

教學現場速寫：

下午一點二十分，梁雅晴老師走進基隆正濱國中九〇二班的教室裡，班上同學六人一組，桌椅排成六人可以互動討論的模式。這兩堂課，老師準備用提問思考與合作學習的方式來進行閱讀理解的教學。

課文「鄒忌諷齊王納諫」是一篇文言文，老師在上一堂課已經大致講解過課文，以幫助學生接下來可以自行閱讀，並進行討論。

一上課，老師就請同學找出這篇文章前三段裡最重要的三個關鍵字。同學很快讀過文章，找出的三個關鍵字是：

「私（我也）」，畏（我也）」、（有）求（於我）」這三個字。

接下來，老師請小組討論，這三個字都在表達什麼意思？有什麼共同的特質？

同學討論出來，這三個字表達了這三個人稱讚鄒忌比徐公美的原因。

老師問：這些讚美是眞的還是假的？

同學回答：是假的。

老師問：爲什麼？

同學回答：因爲不夠誠心、不客觀……

老師問：不誠心和不客觀，哪一個答案比較恰當？

同學討論了一陣回答：不夠客觀。

老師：爲什麼不夠客觀？

同學討論後回答：因為他們都和鄒忌有利害關係。

老師：所以有利害關係，就不容易聽到……

同學接著說：實話。

老師：所以鄒忌認爲這些人的讚美都不夠客觀，因爲他們和鄒忌都有利害關係。

老師：所以從Ⓐ大段（見課文標註，指前三段）觀察，同學可以看出鄒忌思考的脈絡嗎？

同學開始討論並發表想法。老師最後總結鄒忌的思考脈絡，是把事情先歸納，發現所有讚美他的人都和他有利害關係，所以鄒忌做出推論，這些讚美是不客觀的。

Ⓐ大段落的討論大約進行至此，老師再進一步帶學生做統整指出，Ⓐ大段落主要

在說的是鄒忌的親身經驗。

接下來進行Ⓑ大段落（包含四、五兩段）的討論，要轉進文章第二個核心。這兩段文字很簡練，但訊息很多，層次也很豐富。老師請同學先把段落切成幾句核心句子來讀，找出核心。這時，教室裡看到同學似乎都很熟練的在「切、切、切」，把複雜的一段文章，用筆在重要句子間點上一點，抓出核心概念。

接著老師帶著同學討論第四段，讚美鄒忌的人，「（哪裡）相同？（哪裡）不同？」同學苦思，一時回答不出來。

老師問：要不要我告訴你們答案？

學生阻止：妳先不要講！

大家繼續討論想答案。最後有同學找出答案說：觀點相同（都認為鄒忌較美），但動機不同（私、畏、求）。

老師繼續解釋，所以這一段主要是鄒忌以自身經驗，勸諫齊王可能會遭遇的問題。「齊王會遭遇什麼問題？」老師請同學小組討論，把齊王會遭遇到的三種人挑出來。同學找出來三種跟齊王有利害關係的人：宮婦、朝臣、四境之內……

接下來，老師把Ⓐ大段和Ⓑ大段帶著同學做了一番梳理之後，請同學想想Ⓐ大段主要在說什麼？Ⓑ大段主要在說什麼？

和同學討論出Ⓐ、Ⓑ兩大段的核心之後。老師請同學仔細分析最後一段，把這段文字轉換成表格，並為表格下一個標題。小組先討論第五段的前半，是有關於勸諫方式與賞賜多寡。各組把討論結果畫到黑板上，老師帶同學進行討論、釐清。最後各組討論出的表格跟標題大致如下：

勸諫方式	賞賜多寡
面刺	上賞
上書	中賞
謗議	下賞

老師繼續進行最後一段文字轉表格的討論，有關於納諫推行的時間與勸諫的次數。各小組討論後，在黑板上畫下表格，老師帶同學進行討論、釐清，最後各組討論出的表格跟標題大致如下：

推行納諫的時間	勸諫的次數
令初下	群臣進諫、門庭若市
數月之後	時時而間進
年之後	無可進者

討論完這個表格之後，老師要小組討論，如果把這個表轉換成數學圖表，會變成什麼樣。小組討論後，上台畫出數學曲線圖。很有趣的，文言文的一段內容竟然可以

用數學的曲線圖表呈現出來。

接下來老師帶領同學思考，Ⓐ大段與Ⓑ大段的關係、齊王的人格特質、齊國之所以可以戰勝於朝廷的原因等等。最後並請同學想一想，以前上過哪篇文章，跟這篇文章結構很類似，在結尾時下了一句評論，同學們快速的舉出了多篇上過的同類型文章。

梁雅晴老師的這兩堂課，就在不停的提問、思考、討論、發表、釐清中完成。文章雖只是短短幾百字的文言文，但探討得很深入，也跨越文字做了很多圖文、表格甚至數學觀念的轉換。這種上課方式，已經到了有效閱讀教學較難的部分，需要比較細膩的提問技巧，學生的閱讀理解能力也需要累積到一定程度，才能進行的順暢。

在梁雅晴老師將近三年的教導下，可以看得出來學生已經很習慣這樣的提問思考與合作學習。班上的鄭同學說：「這種上課方式討論比較多，可以幫助我們思考，對我們的考試也有幫助。以前上課的方式我不太容易理解課文，比較零碎。梁老師的上課方式可以讓我比較連貫的去理解一篇文章。」

【與梁雅晴老師面對面】

Q 你目前這樣的教學方式是怎麼發展出來的？

我的課堂本來就一直在進行提問教學，但是跟鄭圓鈴教授研習過後，提問的深度與精緻度就愈來愈好。我大約是在三年多前參加鄭老師的研習，她的上課方式很特別，就是帶著我們一起去思考文本。過去我可能只看到文本的表面，現在就可以看到很深的東西。

例如，過去我很討厭上「我所知道的康橋」，可是在研習之後，看到更深刻的東西，思考過後，再回來教給孩子，孩子就會：「哇！」孩子其實也可以體會到文學的美好。

鄭老師的教學除了教PISA的閱讀素養之外，還有文學的情感跟文學的素養在裡面。我的課也是希望這兩樣都教，就是根據不同的課文教不同的東西。

像今天上的「鄒忌諷齊王納諫」，文章層次很分明，就很適合用來練習批判思考。另一篇文章，朱自清的「春」，文章形容花「你不讓我，我不讓你」，我就讓學生猜一個字，孩子都能猜出來，是「爭」。

我就問學生：「爭這個字，如果主角是花的時候，讓你想到甚麼？」學生就想到很多，像是「爭奇鬥艷」、「百花爭艷」，我不用死板的成語教學，而是轉化一個形式，可以讓學生感覺那些花兒在爭先恐後的綻放，這時候文本的解讀就不著重在批判思考，而是文學欣賞的角度。

Q 你的每一堂課大概都會有甚麼樣的元素？

我一定提問，問學生作者為什麼這樣說？這樣說好嗎？這句話還有別的意義嗎？這些話可以讓我們得到哪些文本訊息？

就是不只要知道表面上的文字，而且要掌握深刻的情感或深層的訊息。所以你看我的課本，這句話我會框起來寫 why，那句話會框起來寫 what，所以我可以提問的面向是很廣的，學生就要一直回答。

Q 你都怎麼備課？

我以前備課都看書商給的一些參考書，大概看五本，以前看參考書就是準備補充一些相關資料，例如，成語、形音義的補充，這是我早期的備課方式。後來我就發覺這樣不行，我覺得每一篇要教給學生的文本都必須自己去思考，所以我看課文看很久，想這句話是想要講什麼，這句話的涵義是什麼，這裡可以問學生哪些問題。等我自己都看過、思考過一遍之後，我最後看的一本書才是備課用書，看有哪些重點我遺漏了。

Q 你如何分析課文文本，會想哪些問題？

我自己研究文本的時候，我就會歸納這句話是描寫他的外貌，這句話是描寫他的言談，這句話寫他的心理。然後我會做推論，以這三句話來說，作者是要表達什麼？例如，文本是先分析眾人的讚美，然後再結論眾人的讚美是不夠客觀的。我在我的課本上就會做筆記，設計問題問學生，然後也就會根據課文來出一些選擇題問學生，例如這一段裡，你獲得哪些訊息。經過這樣的練習，學生在考選擇題的時候，也就能很快轉換。

Q 你會轉變備課方式最主要的原因是甚麼？

就是因為上了鄭圓鈴老師的課，發現原來我以前上的都太淺了，是我自己不夠。鄭老師上課也都是拿著文本，她就開始問，我們就開始想、開始寫。回來就可以變成我們自己的東西。當我們看到的東西深入了，我們帶給孩子的東西就會有深度，孩子就會覺得這些學習是有程度的。

Q 你從鄭老師的研習中還學到哪些重要的概念？

就是提問、思考，還有文學素養。例如，我在課堂上教學生切、切、切（把一段文章先切割成幾個重要句子），就是幫助他們自己先找出段義。以前教法就直接告訴他們這一段在說什麼，學生都不用想。現在這就是先讓他們練習，先把一大段切成幾小段，每小段的主要說什麼，這樣他們就會切，也就可以找到重點。

Q 學生程度的落差，會造成這種教學方式執行上的困難嗎？

我看到八成的學生是沒問題的，另外兩成也是可以慢慢跟得上的，只是反應沒那麼快。例如，我上一個班級的學生作業，用一段文字請他們畫成表格，他們都會畫表格，也學會幫表格下標題，我可以看到他們思考的脈絡，也許思考方式不一樣，但一定都畫得出來。

又例如，我要他們寫自我提問的作業：作者這句話什麼意思？為什麼這樣說？這句話有別的意思嗎？因為我上課也會這樣問，所以他們可以做這樣的作業，他們也要自己回答。就是設計作業讓他們練習，我希望他們可以自己問、自己答。

Q 這樣的教學跟準備考試，例如學校的段考、基測或未來的會考、特招會有衝突嗎？你需要用兩套教法，一套應付考試、一套發揮你的教學理想嗎？

不會有衝突，這是培養學生帶得走的能力。其實基測也是考這些，思考活用的能力。國文就是考你解讀文本的能力、你能不能讀懂這句話。所以你想想看：「你是思考這句話比較重要，還是背誦這句話比較重要？」當然是思考的方式比較重要。

Q 你的課堂裡也結合了「學習共同體」（註）的理念，你覺得這對提升學生學習效果有幫助嗎？

我有做問卷調查，學生都認為這樣的學習是比較有效的。因為自己想不到的地方可以聽到別人的想法。學生的程度落差很大其實是沒關係的，你就算在這團體裡只是多聽人家說話，都是一種收穫。因為必須要討論，所以比聽老師一直講更容易懂。

Q 轉型到現在的教學方式，你會覺得很困難嗎？

的確很累，孩子在讀書我也在讀書，我就是在備課，常常備課到晚上十一點，就怕備不完，我的壓力很大。但當我發現改變了教學方式之後，孩子可以吸收更多東西的時候，我的心裡是很恐慌的，因為他們可以吸收的東西很多，而我們給他們的東西卻太少。但我不覺得這樣比較辛苦，因為這樣準備之後，我的課會比較有深度，孩子可以給出比較有深度的答案，或是幫助孩子看到他們原本沒看到的，我就會很有成就感，很快樂，我的動力其實也是來自孩子給了我動力。

註：學習共同體

這是日本教育學界大師、東京大學教授佐藤學，三十年來走訪一萬所學校，歷經一千所學校的失敗後，所淬煉出來的主張。如今，全日本已有三千多所學校導入學習共同體，韓國、中國、香港、新加坡、印尼等國家紛紛前往日本取經，而台灣如今也逐漸有縣市教育機關與個別教師大力推動與投入，成為「學習共同體」萌芽的種子。

學習共同體的內涵，主要是透過學生彼此對話、相互幫助，老師少說多聽，教室打開大門等方式，讓教育現場成為可以共同觀摩學習的環境。透過協同學習、分享表達，讓孩子找回學習的樂趣，老師找到成長的動力，也間接提升了整體學力表現。

更多有關學習共同體的理論內涵，可參考《學習的革命：從教室出發的改革》，以及《學習，動起來3》系列：包括《學習共同體——構想與實踐》、《學習共同體——日本觀課現場全紀錄影片DVD》與《學習共同體——台灣初體驗》。（以上均由《親子天下》出版）

國家圖書館出版品預行編目（CIP）資料

有效閱讀：閱讀理解，如何學？怎麼教？/ 鄭圓鈴．許芳菊著．
第一版．-- 臺北市：天下雜誌，2013.08
224 面；17x23 公分．--（學習與教育；138）
ISBN 978-986-241-751-5(平裝)

1. 漢語教學 2. 閱讀指導 3. 中等教育

524.31　　102014228

學習與教育 138

有效閱讀：
閱讀理解，如何學？怎麼教？

作　　者｜鄭圓鈴
採訪撰文｜許芳菊
責任編輯｜李佩芬
封面設計｜黃育蘋
內頁設計｜陳俐君
插　　圖｜陳完玲

天下雜誌群創辦人｜殷允芃
董事長兼執行長｜何琦瑜
媒體產品事業群
總 經 理｜游玉雪
總　　監｜李佩芬
版權專員｜何晨瑋、黃微真

出版者｜親子天下股份有限公司
地址｜台北市 104 建國北路一段 96 號 4 樓
電話｜（02）2509-2800　傳真｜（02）2509-2462
網址｜ www.parenting.com.tw
讀者服務專線｜（02）2662-0332　週一～週五：09:00~17:30
讀者服務傳真｜（02）2662-6048　客服信箱｜ bill@cw.com.tw

法律顧問｜台英國際商務法律事務所．羅明通律師
製版印刷｜中原造像股份有限公司
總經銷｜大和圖書有限公司　電話：(02）8990-2588

出版日期｜ 2013 年 8 月第一版第一次印行
　　　　　 2021 年 9 月第一版第十九次印行
定　　價｜ 320 元
書　　號｜ BCCE0138P
ISBN ｜ 978-986-241-751-5（平裝）

訂購服務
親子天下 Shopping ｜ shopping.parenting.com.tw
海外 ・ 大量訂購｜ parenting@cw.com.tw
書香花園｜台北市建國北路二段 6 巷 11 號　電話（02）2506-1635
劃撥帳號｜ 50331356 親子天下股份有限公司

立即購買 >